Bernd Heuer

In Gesichtern
lesen lernen

Signale in Gesichtern erkennen und Sicherheit im Umgang mit Menschen erlangen

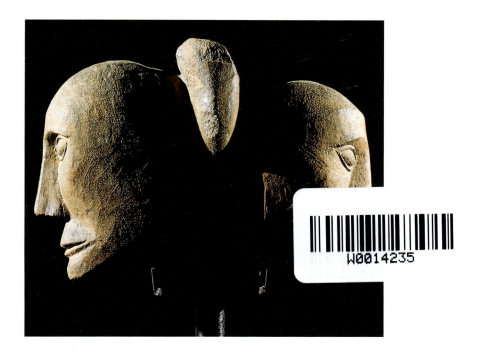

Südwest

Inhalt

Stirnfalten sind auch Zeichen für Lebenserfahrung.

Vorwort	**4**
Angst vor Täuschung	4
Der geschulte Blick	**6**
Was die Blickrichtung verrät	6
Das Ja- und das Neingesicht	9
Sein oder Schein	**12**
Echte oder unechte Gefühle	12
Echtes oder gespieltes Interesse	14
Bedeutsames Lächeln	15
Echtes oder falsches Lächeln	16
Grenzsituationen	17
Liebesblicke	20
Was Gesichtsfalten verraten	23
Der Bereich von Mund, Kinn und Hals	**26**
Der Mund	26
Die Zeichen der Lippen	27
Aussprache und Image	30
Die Besonderheiten der Unterlippe	33
Das Kinn	36
Der Hals	38
Rund ums Gesicht	**40**
Altbekanntes, Neues, Interessantes	40
Universelle Mimik	43
Signale des Gesichts im Dialog	46
Das Gesicht – Spiegel des Lebenslaufs	**52**
Vom Kleinkind bis zum Greis	52
Expandierer und Reduzierer	54
Die Zeichen der Expandierer und Reduzierer	57
Die Gesichtsrahmen	**62**
Vier Entwicklungsmöglichkeiten	62
Der ovale Gesichtsrahmen	63

Der Ausdruck im Gesicht eines Clowns ist Schein – aber ein professionell

Inhalt

Menschen, die Gesichter genau studieren, haben einen scharfen Blick für Persönlichkeitsmerkmale.

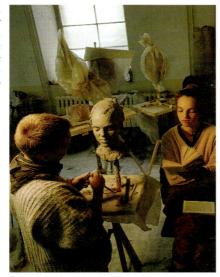

Der viereckige Gesichtsrahmen	64
Der birnenförmige Gesichtsrahmen	64
Der dreieckige Gesichtsrahmen	66
Die Formen des Gesichtsrahmens	67

Die Sinnesorgane im Gesicht — 68

Die Bedeutung der Antennen	68
Wie groß ist die Empfangsbereitschaft?	69
Vier Kombinationen von Gesichtsrahmen und Antennen	70

Das Profil — 74

Die Aussagekraft der fünf Profile	74

Die Asymmetrien — 78

Mimische Asymmetrien	79
Strukturelle Asymmetrien	79

Das psychologische Portrait — 82

So wird ein Portrait erstellt	82
Beispiel für ein psychologisches Portrait	86

Lesen in berühmten Gesichtern — 88

Lady Diana	88
Steffi Graf	89
Helmut Kohl	90
Sophia Loren	91

Hintergründiges und Praktisches — 92

Das Gesicht – einmalig	92
Kleines Trainingsprogramm	94
Über dieses Buch	95
Register	96

Um ein klares Bild von sich zu bekommen, hilft es, sich im Spiegel zu betrachten.

Vorwort

Angst vor Täuschung

> Auch routinierte Lügner verraten sich. Wir müssen nur lernen, wo und wie sie sich verraten, und dann auf diese verräterischen Zeichen achten.

Es gibt viele Gründe für den Wunsch, Menschen zu durchschauen. Für die meisten von uns ist der wichtigste der Schutz vor Täuschungen: sich durch mangelnde Menschenkenntnis oder Unachtsamkeit selbst zu täuschen oder zu übersehen, daß man getäuscht wird. Beide Möglichkeiten erzeugen Unsicherheit, wenn nicht gar Angst.

Da fragt sich ein Arbeitgeber, ob der vor ihm sitzende Bewerber wirklich die Kreativität besitzt, die er für die ausgeschriebene Stelle benötigt und die er ihm zutraut. Paßt der Kandidat charakterlich in das Team, für das er gedacht ist? Selbst Streitsüchtige sind oft überzeugt, die friedfertigsten Menschen zu sein. Verfügt er über die nötige Belastbarkeit für die Hektik an seinem neuen Arbeitsplatz? Und umgekehrt fragt sich der Bewerber, ob er sich vorstellen kann, mit seinem neuen Chef ein positives, konstruktives Arbeitsverhältnis zu bekommen. Privat kann mich interessieren, ob ich meiner neuen Bekannten wirklich so sympathisch bin, wie sie tut, oder ob ihre Freundlichkeit nur das Produkt einer guten Erziehung ist. Ist der junge Mann, mit dem ich neulich ganz gut Tennis gespielt habe, arrogant, oder will er nur seine Unsicherheit verbergen?

> Haben Sie auch schon öfter die Erfahrung gemacht, daß sich das »wahre Ich« eines Menschen erst nach einiger Zeit offenbarte? Hier ist das Lesen in Gesichtern eine gute Hilfe.

Früh übt sich...

Oft werden wir schon in früher Jugend zum Lügen erzogen – aus Höflichkeit. Da muß ein kleines Kind zu jemandem nett sein, der ihm zuwider ist. Den Eltern liegt dieser Jemand auch nicht, aber das Kind muß ihm Nettigkeit vorspielen. Da ist es

Unwahrheiten erkennen

kein Wunder, daß es mancher Jugendliche schon so weit in der Kunst der Täuschung gebracht hat wie der berühmte französische Politiker Talleyrand, der sagte, dem Menschen sei die Sprache gegeben, um seine Gedanken zu verbergen.

Die verräterische Mimik

Im Grunde macht es nur Menschen mit gestörtem Sozialverhalten Spaß, die Unwahrheit zu sagen. Sie sind die einzigen, die es nicht anstrengt, zu lügen. Den normalen Menschen belastet das Lügen, und diese Belastung kann man ihm im Gesicht ablesen. Beim Lügen erzeugen wir nicht nur sehbare Veränderungen im Gesicht, sondern auch an anderen Stellen des Körpers (z. B. an Händen und Beinen). Man kann zwar oft seine Hände und Beine verbergen, etwa hinter dem Schreibtisch, sein Gesicht aber nur beim Telefonieren. Das Gesicht ist physiologisch die Fortsetzung des Gehirns, also sozusagen des Sitzes von Gedanken und Gefühlen, und deswegen besonders verräterisch.

Oft merken wir intuitiv, wenn jemand nicht die Wahrheit sagt oder sich um eine klare Aussage herumdrückt. Körper und Gesicht bringen etwas anderes zum Ausdruck als das gesprochene Wort.

Lügen haben kurze Beine und manchmal auch lange Nasen. So deutlich wie Pinocchio sind einem Menschen die Lügen dann aber auch wieder nicht ins Gesicht geschrieben.

Der geschulte Blick

Was die Blickrichtung verrät

Politiker setzen Mimik und Gestik gezielt ein. Jedoch kann auch hier im Eifer des Gefechts die Kontrolle über die eigenen Gesichtszüge verlorengehen.

Kommen Sie nun mit auf eine Entdeckungsreise zu den Geheimnissen im menschlichen Gesicht, auf der Sie auch zu dem einen oder anderen harmlosen Selbsttest eingeladen werden. Mit diesen Tests können Sie sich selbst die Richtigkeit unserer Tips beweisen. Außerdem merkt man sich etwas besser und schneller, was man am eigenen Leibe erfahren hat. Wir besitzen in unserer rechten Gehirnhälfte einen Analysemechanismus, der noch Signale registriert, die nur eine 20stel Sekunde dauern. In dieser Zeit erkenne ich z. B., ob mich ein Hund böse oder harmlos ansieht. Ein Blick oder ein leichtes Zucken der Unterlippe dauern oft nicht länger, aber wir können solche Signale noch wahrnehmen. Übrigens entgehen sie meist dem Sender selbst, nicht aber dem geschulten Beobachter.

Lesen Sie bitte bei den Tests zunächst nur bis zu dem Zeichen ✻. Führen Sie dann den Test aus. Achten Sie dabei darauf, wohin sich Ihre Augen drehen.

Menschen, die im Lesen von Gesichtern geübt sind, können Signale bewußt wahrnehmen, die nur den Bruchteil einer Sekunde dauern. Dem Sender sind sie in den allermeisten Fällen nicht bewußt.

Unser Gehirn – eine riesige »Bibliothek«

Bildlich ausgedrückt, gleicht unser Gehirn einem langen, hohen Wandregal voller Bücher. Alles, was wir einmal erfahren und uns gemerkt haben, ist in dieser Bibliothek gespeichert, z. B. das Aussehen unserer Haustür oder die Farbe eines bestimmten Autos. An einer anderen Stelle befindet sich die Registratur für eine uns bekannte Stimme. Wieder woanders sind die Erinnerungen an den Geruch eines nassen Hundefells oder von Bratkartoffeln abgelegt.

Alles Erlebte wird gespeichert

Wenn ich aus meinem Gehirn etwas Erlebtes, also dort Registriertes abrufe, geht dabei mein Blick in die Richtung der (vorgestellten) »Ablage«. Ich kann etwas nicht Erlebtes nicht abrufen, weil es nirgends in meinem Gehirn gespeichert ist. Ich kann aber mit meiner Phantasie etwas konstruieren, z. B. mir meinen Hauseingang ohne Türe vorstellen oder die eigentlich sonore Stimme eines Freundes plötzlich als piepsig. Bei Konstruiertem schaue ich deshalb nicht dorthin, wo das Erlebte ist, sondern in eine andere Richtung. Meine Blickrichtung kann also einem eventuellen Gegenüber schon einiges von dem, was in mir vorgeht, preisgeben.

Test

1
Stellen Sie sich die Haustür des Gebäudes vor, in dem Sie wohnen. ✳
Merken Sie sich bitte, wohin sich Ihr Blick beim Überlegen richtete.

2
Stellen Sie sich die Farbe eines bestimmten Autos vor, z. B. Ihres eigenen oder des von Bekannten. ✳
Höchstwahrscheinlich ging Ihr Blick in dieselbe Richtung wie beim ersten Test.

3
Stellen Sie sich vor, wie Ihr Hauseingang aussehen würde, wenn plötzlich die Türe fehlte. ✳
Mit großer Wahrscheinlichkeit hatten Sie jetzt nicht genau die Blickrichtung wie bei den ersten beiden Tests. Denken Sie genau nach und merken Sie sich bitte die Richtung.

4
Stellen Sie sich vor, Sie heben den Telefonhörer ab und vernehmen die Stimme einer Freundin oder eines Freundes, aber ungewöhnlich piepsig. ✳
Wahrscheinlich haben Sie woanders hingeschaut als bei den zwei ersten Tests.

Diese verschiedenen Blickrichtungen bei der Vorstellung von Erlebtem und Konstruiertem gibt es bei jedem Menschen, unabhängig von seiner kulturellen Zugehörigkeit.

Der geschulte Blick

Test	
1 Denken Sie nochmals an Ihre Haustür und merken Sie sich Ihre Blickrichtung. ✳ **2** Schauen Sie jetzt in die Blickrichtung, in die Ihr Blick eben wanderte und	stellen Sie sich vor, wie Ihr Hauseingang ohne Türe aussehen würde. ✳ Höchstwahrscheinlich fiel Ihnen dieses Weglassen eines Bildsegments sehr schwer, wenn es nicht gar unmöglich war.

Die Deutung der Blickrichtungen

A fragt B, wie deren Urlaub war. B erzählt von der Lage des Hotels, vom freundlichen Service, von der Tagestour zu einer Sehenswürdigkeit. Während B spricht, hat sie einerseits Blickkontakt mit A, andererseits schaut sie immer wieder in eine bestimmte Richtung, die für den Speicherplatz im Gehirn steht, von wo sie Erinnerungen an den Urlaub abruft. Solche Blicke können manchmal nur Bruchteile von Sekunden dauern.

A weiß jetzt, wohin B schaut, wenn sie Erlebtes abruft. B spricht weiter und erzählt nun, sie habe sich einen »total teuren, aber herrlichen Flug mit einem Heißluftballon« geleistet. Dabei geht ihr Blick einige Male in eine andere Richtung als vorher. Was wird sich A denken? Wahrscheinlich, daß B jetzt gedanklich konstruiert, wie es wohl gewesen wäre, das Urlaubsgebiet mit einem Ballon zu überfliegen. C verhandelt mit der Personalleiterin D der Firma, bei der er sich beworben hat. C stellt wiederholt fest, daß D nach rechts schaut, wenn sie sich besinnt, z. B. auf die Anzahl der Mitarbeiter, auf das Einführungsjahr eines Produkts usw. Nun fragt C: »Wie sind denn meine Entwicklungschancen in Ihrer Firma?« Die Personalchefin schaut in dieselbe Richtung und sagt: »Nach der Einarbeitung hier im Werk geht

Jeder Mensch hat seine eigenen Blickrichtungen, wenn er auf Erlebtes zurückgreift oder eine Situation konstruiert. Man kann sie durch geschicktes Fragen herausbekommen.

der neue Mitarbeiter für sechs Wochen zu unserer Niederlassung in xy, dann nach z.« C kann davon ausgehen, daß eine bestimmte Karriereplanung vorliegt.

Schaut D aber immer wieder in eine andere Richtung, weil sie gedanklich erst einmal etwas konstruieren muß, bedeutet dies wahrscheinlich, daß noch nichts klar ist. Entweder weil keine Karriereplanung vorliegt, oder weil D nicht weiß, wie C sich in dieser Organisation bewähren wird, oder weil auch noch auf vieles andere Rücksicht genommen werden muß.

Glaubwürdig oder nicht

E hat bei dem sehr guten, aber auch sehr unzuverlässigen Schreiner F einen Tisch bestellt. Um herauszufinden, wohin F schaut, wenn er Erlebtes abruft, stellt E einige Fragen, z. B.: »Schon im Urlaub gewesen? Wo? Wie war's?« oder »Ich habe Ihre Frau schon lange nicht mehr gesehen. Geht es ihr gut?« Er kennt dann die Erinnerungsblickrichtung von F. Schließlich fragt er: »Wie weit sind Sie mit meinem Tisch?« Da schaut der Schreiner in eine andere Richtung, die Konstruktionsblickrichtung, und sagt: »Fast fertig!« In diesem Fall ist die Glaubwürdigkeit von F zu bezweifeln.

Das Ja- und das Neingesicht

Wissen Sie, daß Sie ein Jagesicht und ein Neingesicht haben? Wenn wir gedanklich einer Aussage, einem Vorschlag zustimmen, setzen wir – ganz unbewußt – unser Jagesicht auf. Widersprechen wir innerlich, nehmen wir, wiederum ohne es zu wissen und zu wollen, den Gesichtsausdruck des Neinsagens an. Ohne also mit dem Kopf zu nicken oder ihn zu schütteln, die Augenlider oder den Mund zu bewegen, signalisieren wir dem scharfen Beobachter unsere Gedanken.

Um in einem Gesicht sehen zu können, ob jemand einer Sache positiv oder ablehnend gegenübersteht, bedarf es einiger Erfahrung. Verstehen Sie die Übungen als spielerische Lernhilfe.

Der geschulte Blick

Der Dreh der Wahrsagerinnen

Von Bedeutung für Sie ist bei unseren Übungen vor allem die Möglichkeit, Ihren Blick für Gesichtsausdrücke zu trainieren. Aber auch als amüsante Gesellschaftsspiele sind solche Tests geeignet. Bei den nächsten Beispielen geht es nochmals darum, daß die Mitspieler ihre Antworten nur denken und nicht durch Körpersprache verraten (was sie natürlich tun, ohne es zu wissen).

Videostudien sind sehr aufschlußreich, wenn wir unsere Mimik und Körpersprache besser kennenlernen wollen. Haben Sie eine Videokamera? Suchen Sie sich Mitstreiter und nutzen Sie sie.

Test

1

Bitten Sie einen Bekannten oder eine Bekannte, an einem kleinen Test teilzunehmen. Sie sagen nur: »Ich stelle dir sechs Fragen, die du im stillen beantwortest. Du zeigst mir aber bitte nicht, ob du ja oder nein denkst.«
Dann stellen Sie dieser Person drei Fragen, die sie mit Ja beantworten muß, z.B.: »Du kennst mich seit fünf Jahren?« »Wir arbeiten in derselben Firma?« »Dein Hobby ist Segeln?« Lassen Sie zwischen jeder Frage etwa zehn Sekunden vergehen, schauen Sie sich genau das Jagesicht Ihrer Versuchsperson an, und prägen Sie es sich ein.

2

Danach stellen Sie ihr im gleichen Rhythmus drei Fragen, auf die sie mit Nein antworten muß, z.B.: »Du arbeitest im Konstruktionsbüro?« »Du hast drei Kinder?« »Du warst schon einmal in China?« Und wieder studieren Sie das Gesicht – Sie sehen das Neingesicht Ihrer Versuchsperson.

3

Schließlich stellen Sie eine Frage, von der Sie nicht wissen, wie Ihre Versuchsperson antworten wird, z.B.: »Deine Tante Maria mag Hunde lieber als Katzen?« Und nun schauen Sie, ob Ihr Gegenüber ein Ja- oder ein Neingesicht macht. Dann verkünden Sie das Resultat Ihrer »hellseherischen Kräfte«.

Zustimmung und Ablehnung

Wahrsagerinnen sind Meisterinnen im Lesen von Gesichtern. Durch geschickte Fragen lernen sie das Ja- beziehungsweise Neingesicht ihrer Kunden kennen. Mit einem Wort: Die Kunden liefern der Wahrsagerin die Antworten selbst. Wenn Sie im Freundeskreis eine Weile geübt haben und etwas sicherer geworden sind, können Sie sich die Tatsache, daß jeder Mensch ein Ja- und ein Neingesicht hat, auch beruflich zunutze machen. Wenn Sie z. B. im Verkauf arbeiten, beobachten Sie Ihre Kundschaft genau. Bei welchem Produkt, sei es ein Kleidungsstück, ein Gebrauchtwagen oder ein Geschenkartikel, nehmen Sie ein Jagesicht wahr? Führen Sie Ihr Verkaufsgespräch entsprechend. Kunden mit Neingesichtern haben meist keine ernsten Kaufabsichten. Ihre Energien wären sehr wahrscheinlich verschwendet.

Das Geschäft von Wahrsagerinnen und Hellsehern funktioniert um so besser, je mehr die Ratsuchenden von deren übersinnlichen Kräften überzeugt sind.

Test

1
»Denken Sie an Ihr liebstes Hobby.«
10 Sekunden Pause.
»Denken Sie an eine Beschäftigung, die Sie gar nicht mögen.«

2
»Denken Sie an einen Ort, wo es Ihnen besonders gut gefällt.«
10 Sekunden Pause.
»Denken Sie an einen Ort, wo Sie nicht sein möchten.«

Und jetzt bitten Sie, an etwas Angenehmes oder Unangenehmes zu denken. Sie sagen dann, ob Angenehmes oder Unangenehmes gedacht wurde.
Der nächste Test verläuft ähnlich.

3
»Denken Sie an einen Ort, wo Sie sehr, sehr gerne sind.«
»Denken Sie an einen Ort, wo es Ihnen überhaupt nicht gefällt.«
»Denken Sie jetzt an den ersten oder den zweiten Ort, und ich werde Ihnen sagen, an welchen Sie gedacht haben.«

Clowns sind Meister im Vortäuschen unterschiedlicher Gefühle auf ihren Gesichtern. Bloß: Bei ihnen weiß natürlich jeder auch, daß der Schein zu ihrem Beruf gehört.

Wenn unser Kopf (das Gesicht) etwas anderes ausdrückt, als unser Bauch ihm nahelegt, entsteht ein schiefes Bild. Etwas ist nicht stimmig, und das merkt man.

Sein oder Schein

Echte oder unechte Gefühle

Jemand will einen Witz erzählen, fragt aber vorher: »Kennt Ihr schon den Witz vom General, der in die Hose gemacht hat?« Aus Höflichkeit verneinen alle. Pflichtgemäß wird dann bei der Pointe gelacht, aber es ist allen anzusehen, ob sie wirklich lachen oder nur schauspielern. Haben Sie bei solchen Gelegenheiten geschauspielert, fühlen Sie sich nicht ganz wohl, weil Sie nicht ehrlich waren. Wir strengen uns in solchen Fällen besonders an, ehrlich auszusehen – und erzielen meist das Gegenteil damit. Die Anstrengung, einen anderen Gesichtsausdruck zu haben als den, der den Gefühlen entspricht, bewirkt Asymmetrien in unserem Gesicht. Ein solches leicht »schiefes« Gesicht entsteht z. B. durch ein Verziehen der Unterlippe, zwei ungleich große Augen oder asymmetrische Falten auf der Stirn. Diese Zeichen treten oft nur für kurze Augenblicke auf, aber sie sind wahrzunehmen.

Unterscheidungsmerkmale

- Echte Gefühle kündigen sich im Gesicht vor unseren Worten an, vorgetäuschte Gefühle sind erst mit den Worten oder später zu sehen.
- Bei einem aufrichtigen Lachen werden die Lippen zu einem breiten U nach oben gezogen und heben damit die Wangen an, so daß sich oft Krähenfüße um die Augen bilden.
- Beim aufrichtigen Lächeln oder Lachen ziehen wir die Augenbrauen nach unten, verkleinern also die Augen. Wer mit großen Augen und horizontalen Lippen lächelt oder lacht, macht uns etwas vor.

Gespielte Ehrlichkeit strengt an

- Wer lügt, fürchtet, sich mit seiner Körpersprache, in unserem Fall mit seiner Mimik, zu verraten; er konzentriert sich auf seine Formulierungen, unterdrückt die Körpersprache oder hat eine völlig unnatürliche. Man kann das erkennen.
- Beliebte Gesten beim Lügen sind: Hand vor dem Mund, Zeigefinger an der Oberlippe, Kratzen an einer Augenbraue, Massieren eines Ohrläppchens.

An der Tennessee State University wurden Studenten gebeten, jeweils zwei Fragen zu beantworten – einmal wahrheitsgemäß, einmal gelogen. Dabei wurden sie gefilmt: zunächst das Gesicht und dann der restliche Körper. Resultat: Man sieht, daß gelogen wird, nicht nur im Gesicht, sondern am ganzen Körper, vor allem an unmotivierten Fuß- und Handbewegungen. Außerdem drehen wir uns beim Lügen gern leicht zur Seite.

Wenn möglich, plazieren Sie sich so, daß Sie von Ihrem Gegenüber nicht nur den Kopf sehen.

Wenn uns jemand nicht in die Augen schaut

Liegt zwischen Ihnen und Ihrem Gesprächspartner ein freies Blickfeld für einen guten Blickkontakt, schaut der andere aber bei einer entscheidenden, wahrscheinlich unwahren Antwort zur Seite, müssen Sie vorsichtig sein, dürfen jedoch nicht sofort eine Lüge vermuten. Wir wenden nämlich sehr oft auch den Blick zum Boden, auf eine Wand oder zur Zimmerdecke, wenn wir scharf nachdenken. Dabei wollen wir nichts und niemanden sehen und uns nur auf unser Problem konzentrieren – ohne die geringste Absicht zu lügen.

Fürchten Sie, daß Sie jemand jetzt gleich anlügt, dann schauen Sie sich genau seine gegenwärtige Körperhaltung und Mimik an. Wechseln Sie dann das Thema und beobachten Sie, ob er jetzt seinen Ausdruck verändert. Dann kehren Sie zum ursprünglichen Thema zurück und kontrollieren, ob er sich wieder verändert. Solche Veränderungen sind verdächtig.

Ein Rat von Schopenhauer: Wenn Sie vermuten, daß Sie jemand anlügt, dann tun Sie so, als glaubten Sie ihm aufs Wort. Nun wird er noch dreister lügen und sich mit Sicherheit verraten.

Sein oder Schein

Der arme Ehrliche

In einer Reisegruppe kommt eine wertvolle Armbanduhr abhanden. Auch die mit dem reinsten Gewissen fühlen sich nicht ganz wohl. Wird einem nicht geglaubt, obgleich man die Wahrheit sagt, kann das so anstrengen wie zu lügen und ähnliche Symptome erzeugen, z.B. Asymmetrien im Gesicht. Das müssen wir berücksichtigen: im Zweifel für den Verdächtigen!

Echtes oder gespieltes Interesse

Wenn Sie erfahren wollen, ob sich jemand für Sie und/oder Ihre Ansichten interessiert, die Sie gerade vertreten, dann sollten Sie auf Folgendes achten:

● Blickkontakt: Unbewußter Blickkontakt steht in Relation zur echten Sympathie. Wer geschätzt wird, wird öfter angeschaut als ein Mensch, der nicht interessiert. Je intensiver der Blickkontakt, um so mehr ist jemand nicht nur am Thema, sondern auch an der Person interessiert.

● Bei heiklen Themen, z.B. über Sexualität, Krankheiten usw., nimmt die Häufigkeit der Blickkontakte ab.

● Sympathie erweitert die Iris und hellt ihre Farbe auf. Antipathie verengt die Iris und verdunkelt ihre Farbe. Deswegen leuchten die Augen von Verliebten.

● Atem: Interessiert uns jemand oder ein Thema, geht auch unser Atem mit. Wir atmen unrhythmisch, halten ihn oft sogar für Sekunden an. Horcht jemand mit vor Interesse aufgerissenen Augen, vielleicht sogar mit halboffenem Mund zu und atmet aber ruhig weiter, weiß man, daß es sich um Schauspielerei handelt.

● Einkäufer von Edelsteinen tragen gerne Sonnenbrillen, um dem Verkäufer ihr Interesse zu verbergen.

Unsere Augen sind besonders verräterisch. Gewiefte Kartenspieler können aufgrund der Iris ihrer Gegner deren Blatt einschätzen. Es sei denn, es handelt sich um eine Runde von »Pokerfaces« mit unbeweglichen Mienen und ausdruckslosem Blick.

Bedeutsames Lächeln

Das Lächeln von Säuglingen und Kleinkindern ist mit einer klaren Botschaft verbunden. So drücken Kinder auf der ganzen Welt Freude, Zustimmung und den Wunsch nach Kontakt aus. Lächeln ist ein sozialer Akt. Anthropologisch betrachtet, ersetzt ein Lächeln Verachtungs- oder Drohgebärden, es signalisiert Friedfertigkeit dem Stärkeren gegenüber. Und würde niemand auf unser Lächeln reagieren, hörten wir irgendwann einfach auf damit.

Nonverbales Verstehen

Das Lächeln brauchen wir tagtäglich, um mit anderen Menschen auszukommen. Wir können uns verständigen, ohne ein Wort zu wechseln. In den meisten Situationen steht das Lächeln für sich allein, die Botschaft, die wir vermitteln wollen, ist eindeutig. Wenn wir im Gedränge jemanden aus Versehen anrempeln, lächeln wir ein »Oh – ich bitte vielmals um Verzeihung«-Lächeln. Unser Gegenüber antwortet mit einem »Ist schon in Ordnung, das kann doch mal passieren«-Lächeln, und die Sache ist erledigt.

Generell kann man sagen, daß das Lächeln bei jeder Begegnung eine wichtige Rolle spielt. Oder können Sie sich eine Begrüßung ohne ein Lächeln vorstellen?

Das ganze Gesicht ist beteiligt

Auch wenn wir nicht »über das ganze Gesicht lächeln«, haben all unsere Gesichtszüge am Lächeln teil. Das Zusammenspiel von Mund und Augen produziert die unterschiedlichsten Arten von Lächeln. Wir lächeln freudig oder amüsiert, spöttisch oder gar zynisch, beleidigt oder beschämt, angstvoll oder verlegen.

Entblößen wir beim Lächeln unsere Zähne, wird das ausgesandte Signal noch positiver: »Siehst Du, ich zeige Dir meine Zähne, ich beiße nicht, und ich habe auch keine bissige Bemerkung auf den Lippen.«

Sein oder Schein

Echtes oder falsches Lächeln

Zum echten Lächeln oder Lachen gehören drei Punkte:
- Die Lippen werden breiter, und die Mundwinkel werden nach oben gezogen.
- Die Augen lächeln oder lachen mit.
- Das Lächeln oder Lachen stirbt nicht plötzlich, sondern »schwingt nach«.

Mich grüßt jemand mit breiten, leicht hochgezogenen Lippen, aber nicht mit lachenden Augen. Außerdem hört das Lächeln abrupt auf, z. B. nach einem »Guten Morgen!«: Das unfreundliche Lächeln ist eine Pflichtübung, um wenigstens ein Minimum an Form zu wahren.

Verräterische Lachlaute

Beim Lachen vermittelt die Lautentwicklung interessante Aufschlüsse über den Lachenden.
- Lachen auf A: der normale Laut. Dabei entsteht das entspannte Gesicht des Amüsierten.
- Lachen auf E: Dieses an Ziegen erinnernde Meckern kann Spott oder Überheblichkeit ausdrücken. Manchmal versteckt sich Unsicherheit dahinter.
- Lachen auf I: So kichern Kinder, aber auch Erwachsene, wenn sie leicht ironisch auf eine Überraschung reagieren. Auf I kichert auch jener, der stillvergnügt in sich hineinlacht.
- Lachen auf O: Wir protestieren mit einem Hoho. Lachen auf O ist eine Reaktion auf einen Reiz, zwischen Protest und Amüsement angesiedelt. Je stärker der Laut ist, um so mehr überwiegt der Protest.
- Lachen auf U: »Huh, da schaut eine böse Hexe rein!« verwenden wir beim Erzählen von einschlägigen Märchen und wollen damit angstvolle Überraschung ausdrücken, die aber eher gespielt als gefühlt wird.

Daß man wichtige Telefongespräche lächelnd erledigen sollte, ist eine neuere Erkenntnis, die nicht nur in beruflicher Hinsicht von Nutzen sein kann. Probieren Sie es aus; wahrscheinlich werden Sie Ihr Gesicht anfangs als etwas künstlich verzerrt empfinden, doch das legt sich, und das Lächeln wird hörbar.

Schmunzeln und Grinsen

Die Arten des Lächelns auf einen Blick		
SCHMUNZELN	Lippen breit, geschlossen	Mundwinkel ganz leicht angehoben, bei reserviertem Schmunzeln nicht
UNECHTES LÄCHELN	Lippen gequält breit	Mundwinkel nicht angehoben, Augen lachen nicht
VERLEGENES LÄCHELN	Lippen mäßig breit	Mundwinkel leicht nach unten gezogen
GEQUÄLTES LÄCHELN	Oberlippe an den oberen Schneidezähnen (stiff upper lip)	Kopf meist zur Seite geneigt
SPÖTTISCHES LÄCHELN	Lippen breit, fast geschlossen	Mundwinkel nach unten gezogen
GRINSEN	Lippen breit, geschlossen	Mundwinkel extrem nach unten gezogen
LÄCHELN DER ANGST	Lippen sehr breit	Mundwinkel nach oben oder leicht nach unten gezogen, Augenbrauen angehoben und zusammengezogen

Man kann sich mit dem Lachlaut verraten, wenn man unbewußt lacht. Man kann aber auch bewußt mit der Wahl des Lachlauts eine Stellungnahme abgeben. In diesem Fall lachen die Augen des Lachenden nicht mit, sondern sind ernst.

Grenzsituationen

● Plötzliches Schließen der Augen im Gespräch
Bei starker Konzentration werden wir durch visuelle (und auch akustische) Reize abgelenkt. Deswegen kommt es oft zum kurzen Abbruch des Blickkontakts: Auch der Anblick des

Sein oder Schein

Trancezustände verraten uns: Jetzt ist mein Gegenüber geistig beschäftigt, also störe ich besser nicht. Richtig ist es, zu schweigen und die Person nicht anzustarren, sonst könnte sie aus diesem Zustand aufgeschreckt werden.

Gesprächspartners würde einen schon ablenken. Am besten können wir uns mit geschlossenen Augen konzentrieren. Sehen wir im Gespräch beim Gegenüber geschlossene Augen, haben wir einen Menschen mit höchster Konzentration vor uns – es sei denn, er ist gerade eingeschlafen.

- Verhangener Blick

Dabei sinken die Oberlider immer wieder leicht nach unten, aber fast ausschließlich beim Zuhören. Gründe hierfür könnten große Müdigkeit, zuviel Alkohol, geistige Stumpfheit oder ein langweiliger Verlauf des Gesprächs sein. Oder man versucht, dem Gegenüber zu verbergen, daß man etwas anderes denkt.

- Zustand der Trance

Diesen Zustand erkennt man am sogenannten defokussierten Blick. Man schaut und sieht doch nichts, wie etwa beim Tagträumen. Ist dieser Blick auf jemandes Augen gerichtet, so hat diese Person den Eindruck, man würde durch sie hindurchschauen. In Trance ist man nicht im Hier und nicht im Jetzt: Man wird von »Geschichten« überwältigt.

Trancezustände ermöglichen den mentalen Übergang in eine andere Welt. Hier werden weder Schmerzen noch die direkte Umwelt wahrgenommen.

Das Gesicht ist abwesend

Ein Beispiel: Der Verkäufer fragt die Kundin: »Gefällt Ihnen dieser Schrank oder der ungebeizte besser?« Nun starrt die Kundin geistesabwesend vor sich hin. Was macht sie? Sie sieht in Gedanken erst den einen Schrank an der vorgesehenen Stelle seiner Wohnung – und dann den anderen. Sie fragt sich: Welcher paßt da besser hin?

● Blinzelnde Augenlider

Würden wir nicht von Zeit zu Zeit die Augen schließen, müßte deren Hornhaut austrocknen. Wir blinzeln auch, wenn uns ein Fremdkörper im Auge stört. Mancher Anblick, also vielleicht auch der eines Menschen, wirkt auf unsere Augen wie ein Fremdkörper, und wir blinzeln dann vermehrt. Zusätzliche Lidschläge werden außerdem von allem Unangenehmen hervorgerufen. Wenn wir aber Entsetzliches sehen, bleiben unsere Augen aufgerissen.

Die Vieldeutigkeit des Blinzelns

Da wir wissen, daß wir bei Unsicherheit, Nervosität, schlechtem Gewissen usw. vermehrt mit den Augen blinzeln, stoppen wir dies willentlich, wenn wir uns in solchen kritischen Situationen befinden. Hat man jemandem eine für ihn unangenehme Frage gestellt und er blinzelt einige Sekunden lang nicht, muß man annehmen, daß er jetzt sein gutes Gewissen demonstrieren will. Man kann eher dem glauben, der im bisherigen Rhythmus weiterblinzelt.

Wird man von jemandem unverwandt und ohne Lidschlag angesehen, kann dies Trotz, Herausforderung, Verachtung bedeuten. Die genaue Botschaft wird man an weiteren Signalen und bei einem Gespräch an dessen Verlauf und Inhalt erkennen.

Nicht nur das Unterdrücken des Lidschlags, auch übertrieben häufiges Blinzeln gehört zur Sprache des Gesichts. Es bedeutet Verschwörung oder auch Flirtbereitschaft.

Ein gutes Beispiel für ein Gesicht, das nicht richtig »da« ist, ist das des Tagträumers. Plötzlich in Gedanken verloren, schaut unser Gegenüber durch uns hindurch. Besonders häufig ist dies bei Kindern zu beobachten.

Sein oder Schein

Die Ausschließlichkeit der Liebenden hat Antonio Canova in seinem Mamorensemble »Amor und Psyche« von 1787 bis 1793 dargestellt.

Liebesblicke

Die Iris von Liebenden ist nicht nur größer und heller, ihre Augen sondern auch mehr Flüssigkeit ab. Generell besteht intensiver Blickkontakt. Manchmal verraten sich aber Liebende durch auffallend geringen Blickkontakt. Da wendet sich eine Frau in Gesellschaft aufmerksam jedem Herrn zu, nur einem weniger. Will sie ihm ihre Sympathie verbergen? Will sie den anderen ihre Liebesbeziehung verheimlichen? Haben sich die beiden gestritten?

Liebende tasten sich mit Blicken ab. Sie sehen sich also nicht nur in die Augen. Ihre Blicke wandern vom Haar zu den Lippen, zu den Augen, zum Kinn usw.

Liebende sprechen leiser und tiefer, fallen sich nicht ins Wort. Sie hören sich sogar »mit Liebe« Banalitäten an. Die Bitte um Verschonung bezüglich weiterer Erzählungen über dies oder das deutet auf das Ende der ersten stürmischen Liebe hin. Wer laut, hoch, schnell spricht, unterbricht, mag

Frisch verliebte Paare können ganze Abende damit verbringen, sich nur anzusehen. Noch erübrigen sich alle Worte.

Die Liebe verklärt unseren Blick

noch so zärtliche Worte benützen, er fühlt nicht, was er sagt. Er »macht« auf Liebe.
Wenig Blickkontakt, am Gegenüber vorbeischauen, sich für alles Mögliche im Raum interessieren, z. B. für das Zifferblatt der Uhr, ins Wort fallen: Dies sind schlechte Vorzeichen für die Liebe.

Positive Aufgeregtheit

Günstige Vorzeichen sind dagegen Nervosität, z. B. das Zurechtzupfen des Haars, die Überprüfung des korrekten Sitzes der Krawatte, das Entfernen von Fusseln an der Kleidung; Zusammenrücken, soweit es die Schicklichkeit erlaubt; sich mit dem Oberkörper einander zuneigen. Vor der ersten sexuellen Intimität werden sexuelle Ersatzhandlungen unternommen: gieriges Saugen an der Zigarette; häufiges Anfeuchten der Lippen; Streicheln von Gegenständen, z. B. des Weinglases. Auf dem Tisch liegende Objekte werden zu Spielsachen (Feuerzeug, Bierdeckel, Tischdecke usw).

Ein bevorstehendes Rendezvous ist oft Anlaß, unseren Gesichtsausdruck genauer unter die Lupe zu nehmen. Wir wollen besonders positiv wirken, deshalb proben wir vor dem Spiegel immer wieder verschiedene Blick- und Lächelvarianten.

Ein Zeichen der Ungeduld und Aufgeregtheit: Obwohl man gerade auf die Uhr gesehen hat, sucht der Blick wenig später erneut die Zeitangabe.

Sein oder Schein

Bereit zum Flirten?

Sie sitzt und liest in einem Journal. Da fängt sie irgendwann seinen Blick auf, wendet aber sofort ihre Augen ab. War sein Blick Zufall oder Absicht? Nach einiger Zeit wandern – natürlich ganz zerstreut – ihre Augen wieder zu ihm hin. Es muß Absicht sein: Er schmachtet noch immer her. Sie schaut wieder weg... Das Ganze wiederholt sich nun so oft, bis sie einmal lächeln muß: Nun ist sie bereit zum Flirten. Würde sie beim zweiten Blickkontakt betont uninteressiert oder gar abschätzig gewirkt haben, sollte sich der Mann ein neues Opfer suchen: Unerwünschte Blicke sind aufdringlich, frech, kontraproduktiv.

> Der Verhaltensforscher Eibl-Eibesfeldt hat herausgefunden, daß es so etwas wie ein international gültiges Flirtmuster gibt: aufmunterndes Lächeln, Senken des Blicks, kurzes Abwenden und schließlich Wiederaufnahme des Blickkontakts.

Der schmachtende Blick

Er entsteht, wenn man jemanden hingebungsvoll von unten bis oben anschaut. Frauen sehen dabei interessanter aus als Männer, die deswegen mehr mit Worten als mit Blicken schmachten. Bei kleiner Iris und glanzlosem Auge dürfte es sich um Koketterie handeln.

Ist sich ein Mann seiner Sache nicht ganz sicher, lächelt er beim »Balzen« unbewußt. Sollte die Schöne andere Interessen haben und ihn abblitzen lassen, kann er sich trösten: Es war ja gar nicht so ernst gemeint.

Zwei extreme Gegensätze

Die noch unsichere junge Frau kokettiert mit jedem. Sie zeigt gespieltes Interesse und wirft Blicke zu. Sie hat gerne viele Eisen im Feuer. Es sendet den Männern die Botschaft: Schaut her, welch eine begehrenswerte Frau ich bin! In Wirklichkeit leidet sie noch an einem Minderwertigkeitsgefühl, an der Vorstellung, sie gefalle nicht genügend.

Augenverhalten beim Flirt

Nirgendwo wird so schön geschmachtet wie in der Oper. Wenn Musik, Gesang und Schauspiel harmonieren, erreicht eine Oper ihre maximale Ausdruckskraft.

Die sexuell wirklich interessierte Frau ist nicht nur, sie wirkt auch grundsätzlich an Männern wenig interessiert, solange nicht der Richtige da ist. Wenn sie ihn trifft, nimmt sie verbindlichen Blickkontakt auf und ändert sehr bald ihr Verhalten entsprechend.

Was Gesichtsfalten verraten

Die Ursache viele Falten sind bestimmte mimische Angewohnheiten. Andere können wir einfach nicht verhindern, etwa die Lachfalten zwischen Mund und Nase. Der angeborene Hauttyp spielt ebenso eine Rolle.
Menschen mit trockener Haut neigen eher zur Faltenbildung. Für die vielen kleinen Gesichtsfältchen älterer Menschen können aber auch ausgetrocknete Hautzellen verantwortlich sein, da zuwenig Flüssigkeit aufgenommen wird (etwa zwei Liter pro Tag sind nötig).

Wenn unsere Gesichtsmuskeln arbeiten, zerren sie an unserer Haut – Falten entstehen. Gesichtsgymnastik verhindert Falten also nicht, wie heute noch vielfach angenommen, sondern bewirkt eher das Gegenteil.

Sein oder Schein

Stirnfalten sind auch Zeichen für Erfahrungen, die ein Mensch im Laufe seines Lebens gemacht hat.

Falten auf der Stirn sind keineswegs ein sicheres Zeichen für Intelligenz. Im Gegenteil: Viele geistig aktive und hochintelligente Menschen haben noch im Alter eine bemerkenswert glatte Stirn. Seien Sie solchen einfachen Wahrheiten gegenüber skeptisch.

Gesichtsfalten auf einen Blick

● Stirnfalten

Sie kommen nicht vom vielen Denken, sondern vom vielen Grimassieren. Da steht jemand vor dem Kleiderschrank, überlegt sich, welches seiner vielen Hemden er anziehen soll, und runzelt dabei seine Stirn. Dies fördert nämlich den Blutstrom ins Gehirn und somit die Konzentrationsfähigkeit. Es handelt sich also beim Stirnrunzeln um ein äußeres Zeichen für die Notwendigkeit, nachzudenken. Seine Stirnfalten sind nicht Ausdruck des vielen, sondern des ungewohnten Denkens. Zum Dramatisieren neigende Menschen ziehen bereits bei den geringsten negativen Gefühlen ihr Gesicht und natürlich auch die Stirn in Falten. Diese Angewohnheit hinterläßt auf die Dauer Spuren. Kurzsichtige ohne Brille und berufsmäßig scharfe Beobachter, z. B. Uhrmacher, legen ebenfalls häufig die Stirn in Falten. Kontrollieren Sie doch einmal Ihre Mimik, wenn Sie sehr konzentriert sind.

Charakterlinien erkennen

- Krähenfüße

Sie entstehen als Lachfalten, aber ebenfalls durch lange Aufenthalte im Freien, wenn wir die Augen zu ihrem Schutz zusammenkneifen, z.B. bei starker Sonne, bei Wind und Regen. Schützen Sie Ihre Augen und die sie umgebende Haut häufiger durch eine Sonnenbrille.

- Querfalten zwischen den Augenbrauen

Jähzornige sind immer auf Gegner gefaßt, erwarten Angriffe aus allen Ecken, sind also stets mit kritischem Blick auf der Lauer. Bei ihnen bilden sich im Laufe der Jahre eine oder mehrere Querfalten zwischen den Augenbrauen. Sie können dem Gesicht einen diabolischen Zug verleihen.

- Geschmäcklernase

Schon das Baby zieht das Näschen hoch, wenn ihm etwas nicht schmeckt. Macht dies ein Erwachsener immer noch, entstehen an der Nasenwurzel Querfalten. Solche Menschen nehmen dann nicht nur gern Anstoß an Nahrungsmitteln.

- Facies hippocratica

Der große griechische Arzt Hippokrates wußte bereits, daß sich bei Menschen mit chronischen Magen- und Zwölffingerdarmbeschwerden sehr oft in beiden Gesichtshälften eine tiefe Falte vom Nasenflügel zum Mundwinkel eingräbt. Heute bezeichnet der Begriff Facies hippocratica die charakteristischen Gesichtszüge von Sterbenden.

- Augenbrauen

Sagt oder denkt jemand: »Das glauben Sie doch selbst nicht!«, zieht er gern seine Augenbrauen hoch – ironisch, arrogant, skeptisch oder einfach nur verwundert. Manchmal nur eine, oft beide: Dann können sich sogar Fältchen über den Augenbrauen bilden.

Wie kulturelle Einflüsse die Faltenbildung und den Alterungsprozeß der Haut beeinflussen, ist nicht sicher. Fest steht, daß Menschen im asiatischen Raum später Falten bekommen.

Der Bereich von Mund, Kinn und Hals

Der Mund

Außer zum Sprechen, zur Nahrungsaufnahme und zum Küssen dient uns unser Mund als Ausdrucksmittel unterschiedlichster Stimmungen. Je nachdem, wie und in welche Richtung wir ihn verziehen, können wir damit – im Zusammenspiel mit den Augen – Zweifel, Unmut, Freude, Ärger usw. signalisieren.

Wir können den Ausdruck unserer Augen besser steuern als den unseres Mundes. Wir wissen auch über die Wirkung unserer Augen besser Bescheid, vielleicht weil wir vor dem Spiegel oft mit unseren Augen sprechen, aber kaum einmal mit dem Mund.

Es kostet sicher etwas Überwindung, vor dem Spiegel mit sich selbst zu sprechen. Probieren Sie es aus, und sehen Sie das Ganze von der spielerischen Seite. Auf alle Fälle lernen Sie den Ausdruck Ihres Mundes besser kennen.

Die Zunge spielt mit

Erwachsene sind oft so kontrolliert, daß sie ihre »Zunge hüten«. Es gehört sich nicht, aus Abwehr, Verachtung oder Ekel die Zunge herauszustrecken. Doch gänzlich können auch sie ihre Zunge nicht im Zaum halten, die Zungenzeichen sind nur viel dezenter. Bei Kindern sieht das ganz anders aus: Sie bedienen sich der Hilfe ihrer Zunge noch ungehemmt.

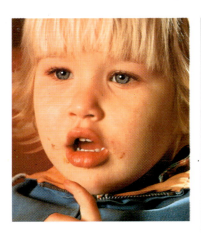

Kinder zeigen ihre Gefühle sehr deutlich anhand ihrer Mimik. Sie kontrollieren ihre Gesichtszüge noch nicht, so wie das bei den Erwachsenen der Fall ist.

Wir verraten uns mehr mit der Mimik unseres Mundes als mit dem Ausdruck unserer Augen.

Der offenstehende Mund

Wir fragen uns: Liegt ein Atemhindernis vor, z. B. Polypen oder eine schiefe Nasenscheidewand? Bei gespanntem Zuhören lassen wir gerne den Mund leicht geöffnet. Nun strengt Zuhören aber an, z. B. auch das intelligente Kleinkind, für das alles noch neu ist. Nur für Sekunden können große Überraschungen, wozu auch Entsetzen oder Angst zählen, uns den Mund aufreißen lassen.

Plagen einen ständig negative Gefühle, zieht ein bestimmter Muskel im Gesicht die Mundwinkel nach unten. Nach Jahren formen dann die Lippen einen nach unten geöffneten Halbkreis: Einen solchen Mund sehen wir häufig bei älteren Menschen, aber auch schon bei jüngeren, die vom Leben enttäuscht sind, sowie bei Depressiven.

Müssen wir lachen, zieht ein Gesichtsmuskel die Mundwinkel in die Höhe. Wer sehr häufig lacht, zumindest aber schmunzelt, behält die leicht lächelnde Mundstellung auch, wenn ihm nicht nach Lachen zumute ist: das Gesicht des Optimisten.

Verhaltensforscher deuten den offenen Mund als universelles Signal für Neugier. Der Mund, den wir immer ein wenig öffnen, wenn wir jemandem zuhören, ist möglicherweise darauf zurückzuführen.

Die Zeichen der Lippen

Ihre Form ist angeboren. Es ist z. B. ein Gerücht, daß Menschen mit dicken oder vollen Lippen sexuell leichter erregbar oder insgesamt sinnlicher seien. Auch haben Versuche zur Definition von Schönheit ergeben, daß schmale Lippen keinswegs als weniger attraktiv empfunden werden als breite. Aber dennoch können wir an den so weichen, leicht verformbaren Lippen viel über den jeweiligen Menschen ablesen. Jedem Menschen prägt sich seine Biographie im Gesicht ein. Wenn jemand mit 50 Jahren ohne Lifting noch kein Fältchen im Gesicht hat und noch über jugendlich volle Lippen verfügt, dann hat ihn das Leben nicht »gezeichnet«. Dann

Der Bereich von Mund, Kinn und Hals

hat er entweder wenig mitgemacht oder aber sich absichtlich Freud und Leid verschlossen, also wenig gelebt.

Dünne Lippen

Wer sich körperlich und/oder geistig viel anstrengt, wird sich oft auf die Lippen beißen müssen. Auf die Dauer werden sie dadurch dünner. In besonders schwerwiegenden Fällen kann so ein verkniffener Mund entstehen, der vor allem auf Folgendes hindeutet: Man hat wenig zu lachen, oder aber man kann wegen innerer Blockaden auch dann nicht lachen, wenn es andere vor Lachen schüttelt. Bei Paaren mit häufigen Anstrengungen durch Aggressionen besteht die Tendenz, daß sich ein verbissener Mund entwickelt, als würde sich der Betroffene immer denken: »Hah, ich könnte die ganze Welt anzünden!« Wer sich leicht und oft ekelt, zieht unbewußt die Oberlippe an die Schneidezähne und bekommt so die berühmte steife Oberlippe: Sinnbild für eine besonders kritische Grundhaltung.

Wenn Sie die Form der Lippen eines älteren Menschen als Ausdruck seines Lebensgefühls deuten, sollten Sie nicht außer acht lassen, daß auch erbliche Gründe eine Rolle spielen können.

Der Mund zeigt die Emotion, die übermittelt werden soll. Besonders Sängern sieht man oftmals genau an, welcher Art ihr Lied ist, auch wenn man es nicht hören kann.

Weitere Signale der Lippen

Wenn uns etwas anwidert, schütteln wir manchmal den Kopf und produzieren zusätzlich mit den Lippen einen »Brrr«-Laut. Was wollen wir damit sagen? Das Ganze geht uns so gegen den Strich, daß wir es abschütteln und auch noch wegblasen wollen. Babys sind darin Meister, wenn sie noch ein und noch ein Löffelchen Spinat in den Mund geschoben bekommen, bis sie wirklich genug haben.

Dagegen lecken wir uns beim Anblick, ja manchmal schon beim Gedanken an etwas Schönes, Gutes, Genußvolles die Lippen. Deswegen feuchten sich Liebende unbewußt oft die Lippen mit der Zungenspitze an.

Ziehen wir dagegen die Ober- oder Unterlippe zwischen die Zahnreihen, ist uns nicht so behaglich zumute. Wir denken angestrengt nach, suchen vielleicht ein Wort oder einen Begriff, sind unentschlossen, wie wir uns jetzt oder weiterhin verhalten sollen. Manchmal ist sogar bei Menschen, die ihre Unterlippe nicht nur ständig zwischen die Zahnreihen ziehen, sondern auch noch darauf herumbeißen, eine kleine Kerbe zu sehen.

Der aufgeregte Mund

Ein Kind rennt auf die Mutter zu und erzählt ganz aufgeregt, was es soeben erlebt hat. Die Worte stürzen aus seinem Mund. Unterkiefer und Lippen sind in voller Bewegung. Meist hält das Kind den Zuhörer auch noch fest dabei. Wie erregt das Kind ist, verraten auch seine aufgerissenen, leuchtenden Augen. Sehen wir diese Mimik häufig bei Erwachsenen, können wir einiges daraus ableiten:

● Sie identifizieren sich sehr stark mit ihren Worten, weil sie für sie große Bedeutung haben. Vielleicht kommen sie sich insgesamt sehr wichtig vor.

> Das Befeuchten der Lippen kann in einer Flirtsituation auch ganz bewußt eingesetzt werden. Dann ist es ein sehr offensives Zeichen dafür, daß eine weitere Annäherung gewünscht wird.

Der Bereich von Mund, Kinn und Hals

Tests

1	2
Stellen Sie sich bitte vor einen größeren Spiegel, und sprechen Sie zwei, drei Sätze laut – so, wie Sie normalerweise sprechen. Beobachten Sie dabei nicht nur Ihren Mund, sondern Ihr ganzes Gesicht. Fragen Sie sich: Wirke ich interessiert? Wirke ich etwas gelangweilt? Wirke ich intensiv? Spüre ich Spannung und Energie im Mundbereich? Gibt es eine Dynamik hinter meinen Worten?	Nun flüstern Sie die zwei, drei Sätze. Dabei stellen Sie sich vor, jemand schaue Sie aus einer Entfernung von zehn Metern an. Was werden Sie tun? Sie werden deutlicher sprechen, aber in Ihrer üblichen Ausdrucksweise. Sie werden Ihren Unterkiefer und die Lippen mehr bewegen. Ihr Gegenüber soll an Ihrem Mund ablesen können, was Sie sagen. Und dabei beobachten Sie sich wieder im Spiegel.

● Erzählen sie mit dieser Mimik von Vergangenem, ist ihnen das bereits Geschehene so gegenwärtig, als ereigne sich der Vorfall jetzt. Dabei erhöhen sich der Puls und die Atemfrequenz. Solche Menschen können Unangenehmes nur schwer vergessen. Sie neigen insgesamt zu Übertreibungen.

Wenn Sie mit Hilfe der Tests und einiger Übung Ihren unteren Gesichtsbereich beim Sprechen stärker aktiviert haben, werden Sie merken, daß Sie dadurch Ihren Worten mehr Gewicht verleihen können.

Aussprache und Image

Gemeint ist hier nicht die korrekte Aussprache eines Nachrichtensprechers, die ohne jegliche dialektale Färbung sein sollte, sondern vielmehr der intensive Einsatz von Unterkiefer, Lippen und Zunge.

Bei dieser zweiten Art zu sprechen (Sie können ruhig Dialekt sprechen) wird Ihr Gesicht lebhafter, interessierter, aus-

Lebhaftes Sprechen

drucksvoller. Franzosen und Italiener z. B. reden sehr ausdrucksvoll – und das ist ein entscheidender Teil ihres Charmes. Sollten Sie das nicht glauben, dann schalten Sie beim nächsten französischen oder italienischen Film im Fernsehen den Ton ab und achten nur auf den (sehr lebhaften) Mund der Schauspieler und Schauspielerinnen.

Solch ein lebhaftes Gesicht hat nichts zu tun mit dem eines aufgeregten, nach Luft schnappenden Menschen, der das, was er sagt, schrecklich bedeutend findet. Ausdrucksstarke Gesichter vermitteln Energie und Dynamik.

Wie ein Image sofort wirkungsvoller wird

Bei einem großen Test wurden während Seminaren etwa 500 Frauen und Männer mit versteckten Kameras aufgenommen. Alle trugen die gleichen Trainingsanzüge, Socken und Turnschuhe. Dann wurden die Filme ohne Ton Hunderten von Menschen vorgespielt. Diese mußten schätzen, welche Schulbildung, Einkommensklasse, Wohnung und Berufsposition (Chefinnen, Assistenten, kleine Angestellte usw.) die aufgenommenen Personen hatten. In etwa 80 Prozent der Fälle wurde richtig getippt. Die Frage, aufgrund welcher Eindrücke die Personen beurteilt worden waren, wurde mit zwei Punkten beantwortet:

- Der Art zu sprechen
- Der geraden Haltung

Bleiben wir zunächst beim Sprechen. Die Beurteiler konnten nur den Mund sehen, sie konnten nichts hören, also nur erkennen, daß der eine oder andere ausdrucksvoller spricht. Aus Erfahrung wissen wir: Wer am Arbeitsplatz oder privat nicht viel zu sagen hat, »macht den Mund nicht auf«. Er muß »den Mund halten«. Oder wir hören: »Mensch, hat der den Mund aufgemacht! Da haben aber alle geschaut.«

Wer unter ausgeprägtem Einsatz von Unterkiefer und Lippen spricht, wird zu den Erfolgreichen gezählt. Man nimmt diesen Menschen einfach ab, daß sie etwas zu sagen haben. Ob dies tatsächlich immer der Fall ist, steht auf einem anderen Blatt.

Der Bereich von Mund, Kinn und Hals

Der Mund der Erfolgreichen

Wer vor sich hinnuschelt, also die Lippen nur minimal einsetzt, hat ein ausdrucksarmes Gesicht. Instinktiv merkt man der Person an: Sie hat, zumindest jetzt im Augenblick, nichts Bedeutendes zu sagen.

Wer jedoch mit Intensität spricht (das heißt nicht: laut oder wichtigtuerisch), signalisiert: »Was ich sage, ist wert, angehört zu werden, sonst würde ich schweigen.« Das ist die Sprechweise einer überzeugenden Persönlichkeit. Wer immer wieder gefragt wird: »Wie war Ihr Name?« oder »Ich habe Sie nicht verstanden!« spricht offenbar zu schlaff, zu verwaschen. Als Übung dagegen hilft flüsterndes, überdeutliches Sprechen. Man bekommt ein Gefühl für den intensiven, aber unverkrampften Einsatz von Unterkiefer und Lippen. Dann wendet man diese imagefördernde Sprechweise im Normalton an – ohne die geringste Anstrengung. Im Gegenteil, sie wird bald Spaß bereiten, vor allem, wenn Sie laufend merken, um wieviel aufmerksamer Sie nun behandelt werden.

Beim intensiven Sprechen sollte Ihr Mund immer so weit geöffnet sein, daß die Spitze Ihres kleinen Fingers zwischen die Schneidezähne paßt. Näher sollten sich die beiden Zahnreihen nicht kommen.

Aggressivität spiegelt sich auch in der Mundbewegung wider. Werden »die Zähne gezeigt« während eines Gesprächs, kann man davon ausgehen, daß der Sprecher seinen Worten unbedingten Nachdruck verleihen möchte. Oft geht die Gestik mit dieser Mimik einher.

Sich mehr Gehör verschaffen

Die Besonderheiten der Unterlippe

Die verräterische Unterlippe

Die Unterlippe verrät noch mehr, wenn wir ihr feinstes, manchmal nur Bruchteile von Sekunden dauerndes Spiel wahrnehmen. Da schildert jemand, wie zauberhaft schön sein Urlaub gewesen sei. Auf die Frage, wie das Essen im Hotel war, betont er überschwenglich Qualität und Service. Aber Ihnen entging nicht, daß er für einen winzigen Augenblick mit der Unterlippe ein negatives Signal sendet, z. B. die Unterlippe leicht anspannt oder nach vorne wölbt. Irgend etwas paßt nicht zu seinen enthusiastischen Worten! Sie fragen: »Kocht man in Süditalien mit Butter oder nur mit Öl?« Oder: »Übertreiben sie es dort nicht ein bißchen mit Knoblauch?« Da kann es dann passieren, daß Sie hören: »Ja, sie kochen hervorragend, aber nicht immer in unserer Geschmacksrichtung.« Auch wenn er sich nicht derart äußert, können Sie sicher sein, daß mit der Küche etwas nicht stimmte.

Widerstreitende Persönlichkeiten

Der Wecker klingelt am Morgen, und Herr A muß aufstehen. Eine innere Stimme aber rät ihm, noch ein paar Minuten im Bett zu bleiben und dafür dann etwas schneller zu fahren. Eine zweite Stimme erinnert ihn aber, daß er erst neulich mit zu hoher Geschwindigkeit erwischt wurde. Eine dritte hält ihn an, noch ein wenig zu dösen, dann schneller zu fahren, aber auf einer Strecke, wo keine Polizei zu erwarten ist. Kurzum, im Kopf von Herrn A geht es zu wie bei einer Sitzung.
Ohne daß wir deswegen gleich schizophren sind, »beraten« uns bei Fragen immer mehrere »Persönlichkeiten«, die

Wenn Sie in der Lage sind, die nur für einen kurzen Moment ausgesandten negativen Signale der Unterlippe wahrzunehmen, können Sie – z. B. in einem Vorstellungsgespräch – entsprechend reagieren und Ihre Strategie ändern.

Der Bereich von Mund, Kinn und Hals

Damit uns die sehr kurz dauernden Reaktionen in einem Gesicht nicht entgehen, schauen wir unserem Gegenüber auf die Nasenspitze und bekommen dann die Reaktionen seiner Augen und die seines Mundes, vor allem der Unterlippe, mit.

jeweils einen anderen Standpunkt vertreten und die alle zusammen unsere Persönlichkeit formen. Was dies mit unserer verräterischen Unterlippe zu tun hat? Jemand hat von seinem Urlaub geschwärmt, aber dann für den Bruchteil einer Sekunde mit seiner Unterlippe Negatives signalisiert. Während eine »Persönlichkeit« in ihm alles in den Himmel hob, reagierte eine andere mit Skepsis: »Halt mal, das Essen war nicht spitze!« Und dieser kleine Protest, dieser winzige Widerspruch, war an der Unterlippe abzulesen.

Langsame Reaktionen der Unterlippe

● Unterlippe bei sexueller Erregung: Es wurde bereits festgestellt, daß man den Lippen nicht ansehen kann, wie sinnlich jemand ist. Bei sexueller Erregung wird aber die Unterlippe etwas voller. Wollen Sie ganz genau wissen, ob Ihr Gegenüber nun wirklich sinnlicher geworden ist, schauen Sie auf die Nasenflügel: Diese schwellen ebenfalls leicht an.

● Vorschieben der Unterlippe: Ist das Baby satt, schiebt es mit der Zungenspitze die Brustwarze der Mutter aus dem Mündchen. Später tut es das gleiche mit unerwünschter Nahrung, und im Kindergartenalter nimmt es die ganze Zunge, wenn es verärgert jemandem seine Verachtung zeigen will. Die Erwachsenen machen es immer noch so, nur nicht mehr mit kindlicher Deutlichkeit.

● Die protestierende Unterlippe: Wenn uns etwas mißfällt, schieben wir unbewußt die Unterlippe nach vorn, so, als wollten wir das uns Mißfallende, z. B. einen Vorschlag, eine Einladung usw., von uns schieben. Wir wissen gar nicht, wie oft wir uns damit verraten. Da fragt jemand, was wir von seinem neu erworbenen Gemälde halten. Es gefällt uns nicht, aber aus Höflichkeit beglückwünschen wir ihn zu seinem Kauf – und während des Bruchteils einer Sekunde haben wir unsere Unterlippe nach vorn geschoben.

Protest und Unentschlossenheit

Hier ist die Welt ganz offensichtlich nicht in Ordnung. Der Mund ist leicht schmollend nach vorne geschoben – Trotz, Unzufriedenheit oder Enttäuschung spiegeln sich dadurch im Gesicht wider.

- Die protestierende Unterlippe mit leicht nach unten gezogenen Mundwinkeln: »Na, was soll das denn sein? Das ist doch Mist!« besagt diese Mimik. Wird dabei auch noch das Kinn angezogen, ist der Ausdruck der Ablehnung perfekt.
- Wölben der Unterlippe über die Schneidezähne: zögerliches Abwarten, Unentschlossenheit, Rückzug.
- Einsaugen der Unterlippe, mit und ohne Beißen: eine verstärkte Botschaft von Unentschlossenheit oder Unwissen. Beim Versuch, etwas, das man vergessen hat, ins Gedächtnis zurückzurufen, schweift zusätzlich der Blick umher. Unser Wissen ist in der »Bibliothek« des Gehirns gespeichert. Dort suchen nun die Augen nach dem Verlorenen.
- Zitternde Unterlippe: Wenn es sich nicht um eine altersbedingte Erscheinung handelt, ist die zitternde Unterlippe Zeichen einer sehr starken emotionalen Beteiligung. Mit aller Macht soll verhindert werden, daß sich unsere negative Erregung (Wut, Trauer) unkontrolliert entlädt, was meist nicht gelingt.

Behauptungen, wonach sich allein an der Form der Unterlippe bestimmte Charaktereigenschaften ablesen lassen (z. B.: eine gut ausgeprägte Unterlippe ist ein Zeichen für Führungstalent), sollten wir mit einiger Vorsicht begegnen.

Der Bereich von Mund, Kinn und Hals

Das Kinn

Im frühen Mittelalter wurden Hexen und Teufel mit einem wie eine Keule vorstehenden Kinn dargestellt. Prostituierte wurden mit einer langen Kinnlade abgebildet, dem sogenannten Hurenkinn. Zu jener Zeit wollte man den Charakter einer Frau auch noch an der Spitze oder Rundung ihrer Knie erkennen.

Daß das Kinn im Repertoire unserer Ausdrucksmöglichkeiten dennoch eine Rolle spielt, zeigt sich darin, daß wir noch immer von einem entschlossenen oder auch energischen Kinn sprechen.

Ob an der Redensart »Grübchen im Kinn – Schlechtes im Sinn« etwas Wahres ist? Wahrscheinlich ist das Gegenteil genauso richtig – oder genauso falsch.

Kieferdefekte

Als es in früheren Jahrhunderten wegen Vitaminmangels viele Rachitisfälle gab, kam es zu Mißbildungen der Kiefergelenke und zu frühzeitigem Zahnverlust. Beim zahnlosen Menschen rutscht in der Tat der Unterkiefer etwas nach vorn.

Auch heute noch kommen Kieferdefekte vor, die zu entstellend wuchtigen oder zu zurückfliehenden Kinnladen führen. Diese Verformungen können bei Personen, die sehr darunter leiden, zu schlimmen Minderwertigkeitsgefühlen führen, die vielleicht überkompensiert wurden. Aber: Die Kieferform eines Menschen gibt keine Auskunft über dessen Charakter und Persönlichkeit.

Ausdrucksstärke des Kinns

Daß das Kinn wesentliches Merkmal unseres Gesichts ist, zeigen besonders Zeichnungen, Gemälde und Illustrationen. Gerade bei Comiczeichnungen finden sich markante Kinnpartien. Durch das vorgeschobene, fliehende oder gerade Kinn werden die Figuren regelrecht charakterisiert. Diese

Energien wie Bill Clinton

Test

Sagen Sie einmal mit einer Drohgebärde (z. B. Schütteln der Faust vor dem Gesicht): »Das laß' ich mir nicht bieten!« ✳ Wahrscheinlich schoben Sie dabei das Kinn etwas nach vorn: in einer Mischung aus Wut und Energie. Wut allein hätte genügt; denn Wut erzeugt Energie.
Wer gerne droht und dabei Energie zeigt, schiebt dabei unwillkürlich das Kinn nach vorne. Der amerikanische

Präsident Bill Clinton tut dies überdeutlich beim Singen der Nationalhymne, Mussolini demonstrierte seine protzige, wilde Entschlossenheit bis hin zur Clownerie. Engländer, die dazu erzogen sind, keine starken Gefühle durch Stimme, Gesten oder Mimik zu zeigen, schieben bei innerer Erregung den Kiefer unbewußt nach vorn und sprechen dann auch leiser.

Charaktermerkmale wiederum zeigen aber nur Klischees, die mit gewissen Profilen verbunden sind. So werden Kinnpartien, die nicht gerade und harmonisch sind, sofort mit negativen Wertungen belegt – ein Unsinn, der durch die von Medien geprägten Schönheitsideale herrührt.

Das Kinn beim deutlichen Sprechen

Sprechen wir sehr deutlich, rutscht das Kinn auch ein wenig nach vorn. Und wann sprechen wir besonders deutlich? Wenn wir glauben, etwas Wichtiges sagen zu müssen.
Sehen wir, wie jemand sein Kinn nach vorne schiebt, spielt er oder sie die große Entschlossenheit oder ist in einer wirklich energiegeladenen Verfassung. Zornesfalten? Zusammengekniffene Augen? Zitternde Unterlippe? Ekel im Gesicht? Lippen zusammengepreßt oder gar viereckiger Mund? Dann ist mit wirklicher Entschlossenheit zu rechnen!

Ein vorgeschobenes Kinn signalisiert eine manchmal bis zur Aggressivität gehende Entschlossenheit. Bleibt das Kinn dauerhaft in dieser Stellung, entsteht der Gesichtsausdruck der Arroganz.

Der Bereich von Mund, Kinn und Hals

Der Hals

Wollen wir lernen, in Gesichtern zu lesen, müssen wir uns auch mit der Halswirbelsäule beschäftigen – und das nicht nur, weil sie den Kopf trägt. Sie spielte und spielt eine große Rolle in der Verhaltenspsychologie. Raubtiere erledigen ihre Beute durch einen Biß in den Nacken oder in den Hals.

Eine Parallele in der Tierwelt ist das Unterwerfungsgebaren von Wölfen und Hunden, die, auf dem Rücken liegend, dem Stärkeren die Kehle zum Zubeißen hinhalten.

Eingezogen oder gestreckt

Geht es uns an den »Kragen«, ziehen wir den Hals zwischen den Schultern ein, um die Angriffsfläche für den Gegner zu verkleinern. Fühlen wir uns sehr sicher, »fahren« wir die Halswirbelsäule in ihrer ganzen Länge aus. Der Untergebene zieht das Kinn an, wenn er einen Befehl erhält – deutlich sichtbar z. B. beim Butler. Der Vorgesetzte streckt das Kinn leicht nach oben, wenn er eine Anordnung erteilt. Verhaltensforscher sind der Auffassung, daß wir uns mit Kopfnicken kleiner machen, um zu zeigen, daß wir uns der Ansicht des anderen unterwerfen. Frauen legen im Gespräch mit Männern gern den Kopf zur Seite – eine uralte Geste der Unterwerfung und des Einschmeichelns.

Vor allem Frauen, die mit Männern zusammenarbeiten, sollten darauf achten, den Kopf geradezuhalten. Unbewußt regt die Seitenneigung eines Kopfes zu Dominanzverhalten an.

Test
Legen Sie bitte den Kopf zur Seite, und beobachten Sie, wohin Ihr Blick geht. ✳ Er geht leicht nach oben. Diese Richtung ist die Voraussetzung für den anhim- melnden Blick, mit dem die körperlich schwächere Frau früher den körperlich überlegenen Mann bändigen wollte oder mit dem sie heute noch flirtet.

Die Halswirbelsäule strecken

Test	
1	**2**
Ziehen Sie bitte den Kopf zwischen die Schultern und heben Sie die Schultern leicht an, als würden Sie denken: »Hoffentlich tut mir jetzt niemand etwas Böses!« ✳ Sie werden den Rücken leicht gekrümmt, die Schultern etwas angezogen und die Halswirbelsäule abgeknickt haben: eine Haltung der Angst und Unterwerfung.	Ziehen Sie bitte nochmals den Kopf ein, und schauen Sie nach links und rechts. Wie fühlen Sie sich dabei? ✳ Richten Sie jetzt Ihre Halswirbelsäule so weit wie möglich auf. Und schauen Sie erneut nach links und nach rechts. ✳ Wahrscheinlich fühlten Sie sich beim zweiten Test wesentlich freier, wohler, sicherer und auch gelöster.

Der Knickhals

Denken Sie bitte noch einmal an das Projekt zurück, in dem etwa 500 gleich gekleidete Personen gefilmt wurden, um danach im Hinblick auf ihren sozialen Status von völlig Fremden beurteilt zu werden, wobei das Filmmaterial ohne Ton vorgespielt wurde. Relevant für die Einschätzung war vor allem die Wirkung eines intensiveren Einsatzes der Lippen und des Unterkiefers beim Sprechen. Aber auch die Haltung der Halswirbelsäule und damit die Stellung des Kopfes und der Eindruck der gesamten Körperhaltung allgemein wurde beachtet. Die Beurteiler fanden:

- Menschen, die zu den Erfolgreichen zählen, »schauen anders aus der Wäsche«.
- Ihre Halswirbelsäule strebt gerade aus der Brustwirbelsäule hervor, sie macht keinen Knick, sie wölbt sich auch nicht nach vorn (wie beim Hängenlassen des Kopfes).

Eine Übung für die Halswirbelsäule: Wir sitzen oder stehen, und der Kopf ist zur Brust geneigt. Jetzt heben wir den Kopf langsam und strecken dabei die Halswirbelsäule, so weit es geht.

Rund ums Gesicht

Altbekanntes, Neues, Interessantes

Hände und Gesicht

- Grundsätzlich verraten eine Hand oder beide Hände im Gesicht negative Gefühle, auch wenn dies nicht immer so empfunden wird.
- Eine Hand plötzlich vor den Mund zu schlagen heißt, daß man sich jetzt verplappert hat.
- Reiben des Kinns, einer Wange, Zupfen am Bart, Zukneifen der Nase, Glätten der Haut sind Zeichen der Verlegenheit (vielleicht auch der Unwahrheit, einer peinlichen Situation oder der Langeweile).
- Zwirbeln der Haare um den Zeigefinger (nur bei Frauen) bedeutet Verlegenheit, aber auch Unsicherheit.
- Fingerspitzen unter dem geschlossenen Kragen oder Lüften des Blusenausschnitts sind ebenfalls ein Ausdruck der Verlegenheit.
- Die Hand vor den Mund zu halten, hat mit dem Verbergen von Schmunzeln oder mit Gähnen bzw. mit großzügigem Umgang mit der Wahrheit zu tun.
- Beide Hände vor dem Mund deuten auf Unsicherheit beim Formulieren oder Unwahrheit hin.
- In der Gabel aus Daumen und Zeigefinger das Kinn zu stützen, bedeutet, daß die Gedanken »Kreise ziehen« wie ein Flugzeug ohne Landeerlaubnis.
- Den Kopf mit einer Hand oder beiden zu stützen, bedeutet, daß jemand beobachtet, konzentriert ist oder interessiert zuhört, vor allem, wenn dabei auch noch der Kopf leicht zur Seite geneigt wird.

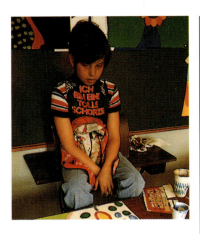

Für Kinder sind Gesichter immer wieder faszinierend. Wenn sie Geschichten hören, entwickeln sich konkrete Bilder in ihrer Phantasie.

Im Englischen gibt es den Begriff »hot collar«, was wörtlich übersetzt »heißer Kragen« bedeutet. Im übertragenen Sinne heißt dies, jemandem wird »eingeheizt«.

Verräterische Gesten

- Daumenkuppe, Fingerspitze, Bleistift, Brillenbügel in den Mund zu stecken, signalisiert Nachdenken, Unschlüssigkeit.
- Die Augen mit einer Hand oder beiden Händen zuzudecken, verweist oft auf starke emotionale Erregung oder Erschrecktsein.
- Den Zeigefinger längs auf die Nase zu legen, signalisiert Nachdenken, aber bei belehrendem Ton unterstreicht es die Bedeutung des Gesagten.
- Mit dem Abnehmen der Brille und dem langsamen Reinigen von Brille oder Pfeife möchte man Zeit zum Nachdenken gewinnen.
- Die Hände wie Scheuklappen links und rechts an die Schläfen zu halten, heißt, man will sich nicht ablenken lassen, muß sich orientieren, konzentrieren.

Sehr sensible Menschen geraten schneller in Streß als seelisch robustere. Sie werden also eher solche Gesten machen. Robuste, die nicht so schnell unter Druck geraten, können durchaus in einer für sie schwierigen Situation Gesten der Verlegenheit unterlassen.

Das Farbenspiel im Gesicht

Untersucht der Arzt zum erstenmal einen Patienten, ritzt er mit einer scharfen Spitze die Haut ein, z. B. auf der Bauchdecke, und schaut (während er weiteruntersucht), wie lange es dauert, bis die gereizte Haut rot wird (Dermographismus). Je schneller und intensiver die Haut sich rötet, desto schneller und intensiver reagiert das neurovegetative System. Solche Menschen erweisen sich im allgemeinen als sensibel. Bei Angst, Lampenfieber und Verlegenheit wird die Haut entweder im ganzen Gesicht oder nur links und rechts der Nase und des Mundes blaß, bei peinlicher Verlegenheit rötlich. Bei Streß, z. B. während eines Vorstellungsgesprächs, einer

Befinden Sie sich in einem Gespräch, in dem es besonders wichtig ist, einen guten Eindruck zu machen (Prüfung, Bewerbung), unterlassen Sie alle Gesten, die Ihre Hände in die Nähe des Gesichts führen.

Rund ums Gesicht

Durch veränderte Ernährungsgewohnheiten läßt sich die Neigung zu unerwünschten Rötungen positiv beeinflussen. Alkohol, Zucker und starke Gewürze sollten gemieden werden.

schwierigen Verhandlung vor Gericht, können rote Flecken auf den Wangen, am Hals und an den Ohren auftreten, manchmal sogar Schweißperlen auf der Oberlippe oder in den »Geheimratsecken«. Außerdem kann sich dann auch die Fettabsonderung steigern, so daß z. B. die Stirn zu glänzen beginnt.

Schmücken und Schminken

Bei einem Blick in die Kulturgeschichte der Menschheit kann man feststellen, daß die Veränderung von Kopf und Gesicht durch Schmücken oder Schminken immer schon große (vor allem kultische) Bedeutung hatte. Menschen bemalen sich ihre Gesichter seit Jahrtausenden. Die alten Ägypter betonten vorzugsweise ihre Augen, die sie mit schwarzer Farbe umrahmten. Auch in der römischen Antike war das Schminken sehr beliebt, und im Rokoko wurde der symmetrische Eindruck eines Gesichts mit einem schwarzen Punkt auf einer Wangenseite aufgehoben, um dem Gesicht mehr Span-

Schminken wird nicht nur zur Verschönerung eingesetzt; mit einem geschminkten Gesicht können wir – scheinbar – zu einer anderen Person werden.

nung zu verleihen. In Stammesgesellschaften wurden und werden – so empfinden wir es – Schmuck und Schminke in extremer Weise eingesetzt. Man denke etwa an die riesigen Scheiben, die als Lippenschmuck getragen werden und Ausdruck von Alter und sozialem Status sind, oder an Ganzkörpertätowierungen, narbige Gesichtsmuster und rituelle Bemalungen.

Auch heutzutage und bei uns in den westlichen Industrienationen gibt es noch gewichtige Gründe, auf sein Aussehen genauestens zu achten.

Jugend um jeden Preis

Vor allem möglichst lange jugendlich auszusehen, ist zentral geworden. Dies liegt zum einen an dem zeitgegebenen Idealen von Schönheit und Jugend sowie den damit im Zusammenhang stehenden Manipulationen durch die allgegenwärtige Werbung.

Zum anderen liegt es an der Angst, in einer Gesellschaft, für die nur Leistung zählt, schon aufgrund seines äußeren Erscheinungsbilds nicht mehr bestehen zu können und zu früh zum »alten Eisen« gerechnet zu werden. Viele Menschen schenken darum nur zu gern den Verheißungen der Schönheitsindustrie und -chirurgie Glauben. Für ein gutes Image ist es wichtig, mit äußeren Attributen (Kleidung, Kosmetik, Schmuck) die positiven Seiten unserer Persönlichkeit dezent hervorzuheben.

Mit Wässerchen, Cremes und dekorativer Kosmetik pflegen wir unser Gesicht, aber wir »betreiben Gesichtspflege«, wenn wir uns beispielsweise auf beruflich für uns wichtigen Partys sehen lassen.

Universelle Mimik

Vor einigen Jahrzehnten sind Verhaltensforscher durch Versuche zu einer verblüffenden Erkenntnis gelangt: Bestimmte Gefühle sind bei allen Menschen mit dem gleichen mimischen

Rund ums Gesicht

Ausdruck verbunden. Die Sprache des Gesichts ist also international. Amerikaner verstehen Eingeborene aus Neuguinea, wenn diese Freude zum Ausdruck bringen, und Menschen, die noch nie Kontakt z.B. zu weißen Europäern oder Amerikanern hatten, konnten erkennen, wenn diese sich vor etwas ekelten oder sich ärgerten.

Zu den sechs Gefühlen, die Menschen über alle Kontinente und Volkszugehörigkeiten hinweg gleich deutlich ins Gesicht geschrieben sind, zählen außer Freude, Ekel und Ärger noch Angst, Trauer und Überraschung.

Die sechs Gefühle und ihr Ausdruck

Wenn ein Gefühl echt ist, reagiert unser Gesicht ganz unmittelbar auf den Auslöser dieser Emotion. Ist aber z.B. unsere Überraschung nur gespielt (weil wir vielleicht schon vorher von etwas wußten), setzen wir den entspechenden Gesichtsausdruck mit Verzögerung auf.

● Freude: Wenn wir uns freuen, sind unsere Augen groß und lachend, die Brauen sind herabgezogen, der Mund formt ein breites U, oft sind unsere Zähne sichtbar. Ein freudiges Gesicht steckt an, es kann bei unserem Gegenüber einen ähnlichen Ausdruck hervorrufen.

● Überraschung: Die Stirn zeigt langgezogene horizontale Falten, die Augen sind so weit aufgerissen, daß das Weiß rund um die Pupillen zu sehen ist. Die Augenlider ziehen sich nach oben. Die Augenbrauen sind angehoben und zusammengezogen, der Kiefer hängt schlaff herunter. Der Mund ist offen.

● Ärger: Sind wir ärgerlich, so zeigt sich dies an vertikalen Falten zwischen den zusammengekniffenen Augenbrauen und den zu Schlitzen verengten Augen. Die Lippen sind entweder aufeinandergepreßt, oder der Mund ist viereckig geöffnet. Die Stirn liegt in waagrechten Falten. Ganz ähnlich, nur noch stärker ausgeprägt, ist unser Gesichtsausdruck, wenn wir wütend sind.

● Angst: Die Augen sind weit geöffnet, die Augenbrauen angehoben und zusammengezogen. Die Oberlider sind leicht nach oben gezogen, die unteren Lider gespannt. Nach hin-

Weltweit gleiche Gesichtsausdrücke

Die unterschiedlichen Ausdrucksformen sind auch zeitlos aktuell. In Leonardo da Vincis Zeichnung finden sich fünf der Emotionen wieder.

ten gezogene Mundwinkel und ein aufgerissener oder auch geschlossener Mund ergänzen den angstvollen Gesichtsausdruck.

● Trauer: Ein trauerndes Gesicht zeigt sich in der charakteristischen Faltung der Stirn. Die Falten bilden einen nach oben gezogenen Bogen über den Augenbrauen. Auch die Lider sind nach oben gezogen. Die Augen haben einen wäßrigen und leblosen Ausdruck, eventuell sind sie vom Weinen gerötet. Wenn der Mund geöffnet ist, sind die Lippen gedehnt und zittern, bei geschlossenem Mund weisen die Mundwinkel nach unten. Das trauernde Gesicht bringt deutlich zum Ausdruck, daß wir behutsam behandelt werden möchten.

● Ekel: Wenn wir uns ekeln, werden auf der Stirn Querfalten bis hinunter zum Nasenrücken sichtbar. Die Augenbrauen sind nach unten gezogen, die Augen stark verkleinert, die unteren Lider weisen nach oben, und es bilden sich tiefe Nasolabialfalten. Der Mund ist bitter.

Wie schwer es fällt, Trauer vorzutäuschen, kann man gut auf Beerdigungen feststellen, wenn der traurige Anlaß eigentlich einen entsprechenden Gesichtsausdruck erfordert, der aber einigen einfach nicht gelingen will.

45

Rund ums Gesicht

Signale des Gesichts im Dialog

Jede Änderung in der Körpersprache – Mimik und Gestik – verkündet eine Veränderung in der Befindlichkeit. Solche Änderungen der Körpersprache können sich folgendermaßen ausdrücken:

Die bisherige Mundstellung ist anders, Falten erscheinen oder verschwinden, die Halswirbelsäule, die Kopfhaltung oder die Gesichtsfarbe verändert sich usw.

Z. B. hat mich während eines Gesprächs mein Gegenüber bisher mit leicht angezogenem Kinn angeschaut. Während meines nächsten Satzes legt er plötzlich den Kopf zurück, so daß sich mir die Vorderseite seines Halses entgegenwölbt: Er bietet mir seine leicht verletztbare Halsschlagader dar – ein Zeichen von Vertrauen. Vielleicht war es ein witziges Wort, eine ihm schmeichelnde Formulierung, die plötzlich das Eis brach. Würde er umgekehrt das Kinn noch weiter als zuvor senken, wüßte ich, daß ich ihn verunsichert habe, daß er sich schützt, daß er sich vielleicht gleich durch einen Präventivangriff verteidigen wird. Natürlich laufen solche Veränderungen, wie meistens in der Körpersprache, für den Akteur unbewußt ab. Und ich muß wissen: Während ich die Körpersprache meines Gegenübers beobachte, sende ich Signale, die mir unbewußt bleiben.

Unterbreiten Sie jemandem ein Angebot oder fordern Sie ihn zu etwas auf, sollten Sie mehr auf seinen Hals und die Stellung seines Kopfes achten als auf seine Worte oder Augen.

Signale durch Kopfbewegungen

Herr A sitzt dem Kreditsachbearbeiter einer Bank gegenüber und verhandelt mit ihm über ein Darlehen, das er dringend braucht. Nach der Zinshöhe befragt, antwortet der Banker: »13 Prozent.« Jetzt müßte man ganz genau auf die Kopfbewegung des Kunden achten: Wenn sich etwas Bedrohliches (ein Ball, eine Faust usw.) unserem Gesicht nähert, weichen wir zur Seite. Hat der Kunde einen wesentlich niedrigeren

Zinssatz erwartet, wird er höchstwahrscheinlich mit dem Kopf dem »Schlag« der 13 Prozent ausweichen, nur ganz leicht, aber gut erkennbar. Wollte er jedoch offen dagegen protestieren, würde er wahrscheinlich Oberkörper, Hals und Kopf nach oben »schrauben« und anschließend fragen, ob das ein schlechter Witz sei.

Was tut die Hand da oben?

Im Gespräch hebt man manchmal eine Hand bis in Augenhöhe (so wie man sich zum Wort meldet), dann zu einem Ohr und läßt sie schließlich wieder verschwinden. Was geschieht hier? Wir heben unbewußt die Hand, als wollten wir sagen: »Halt! Damit bin ich nicht einverstanden.« Da wir aber aus Höflichkeit, Ehrfurcht oder Angst nicht widersprechen wollen, nehmen wir die Hand herunter, aber erst, wenn wir so getan haben, als hätten wir uns am Ohr kratzen müssen.

Rollenwechsel im Gespräch

Entspannt, mit leichtem Rundrücken, sitzt mir mein Zuhörer gegenüber. Nach und nach aber richtet er seinen Oberkörper mehr und mehr auf und hebt auch noch das Kinn ein wenig an: Er signalisiert mir seinen Wunsch zu sprechen. Wahrscheinlich hat er dabei auch noch tiefer als zuvor eingeatmet. Je mehr er Luft holt, desto dringender möchte er reden; eventuell hebt er sogar einen Arm ein wenig an. Ich bin aber noch nicht fertig. Also übersehe ich seine Forderung: Ich schaue einfach weg. Er wird noch größer und atmet bereits hörbar ein. Ich breche den Blickkontakt ab, rede schneller und lauter, bis ich endlich fertig bin. Dann richte ich mich auf und meine Augen auf ihn, um zu sehen, wie sehr er von mir beeindruckt ist. Aber statt zu beginnen, macht er eine Geste der Verlegenheit: Er kratzt sich oder nimmt die

Jede Änderung in der Körperhaltung weist auf die Möglichkeit hin, daß bei meinem Gegenüber auch eine Veränderung im Denken und Fühlen eingetreten sein kann.

Rund ums Gesicht

Die Körpersprache von Frauen ist noch immer deutlich defensiv. Männer sind raumgreifender, sie dehnen sich aus und nehmen den Platz in Anspruch, von dem sie meinen, er gebühre ihnen. Frauen lassen sie gewähren.

Nasenspitze zwischen Daumen und Zeigefinger. Damit signalisiert er mir, daß er nicht mehr sprechen will.

Eine solche Situation kann den Kommunikationsfluß empfindlich stören. Sie sollte nicht wiederholt vorkommen.

Typisch weiblich

- Frauen fallen Männern nicht so leicht ins Wort wie umgekehrt. Eine Frau hört oft sofort zu reden auf, wenn sie von einem Mann unterbrochen wird.
- Frauen sehen mehr als Männer: Sie beobachten besser. Vielleicht, weil sie sich in der Männergesellschaft nicht so sicher fühlen, und wer gut informiert ist (alles gesehen hat), ist vorgewarnt.
- Frauen lächeln im Gespräch mit einem Mann häufiger als dieser, aber nicht etwa, weil Männer so amüsant sind, sondern weil das »starke« Geschlecht dazu neigt, ein Lächeln als Kompliment aufzufassen: Auf diese Art besänftigen sie das Gegenüber notfalls.

Eine Geisha verkörpert das klassische japanische Ideal der Frau. Sie hat dem Mann zu dienen und ihn durch Zuhören zum Sprechen zu motivieren. Absolutes Tabu ist, über das immense Wissen, das die Geishas über ihre Besucher haben, zu sprechen.

- Frauen senken gern die Augen, wenn sie von einem Mann angestarrt werden – der vornehme Protest gegen plumpe Annäherungsversuche.
- Es sind etwa zu 90 Prozent Frauen, die sich Schönheit chirurgisch behandeln lassen. Dagegen haben Männer viel höhere Erwartungen an das Operationsergebnis.

Die Mimik des schlechten Stils

- Seine schlechte Laune mit dem Gesicht auszudrücken, signalisiert, daß man es wohl nicht nötig hat, auf die Stimmung der anderen Rücksicht zu nehmen, auch wenn man ihnen damit ihre gute Laune verdirbt.
- Wer nur mit Worten und nicht auch mit den Augen grüßt, weil man dabei den anderen womöglich auch noch anlächeln müßte, zeigt, daß ihm der andere das nicht wert ist.
- Nur den Augengruß einzusetzen, also dem Gegenüber einen kurzen Blick zuzuwerfen, und womöglich mit dem Kinn auf etwas zu deuten (z. B. auf einen Stuhl für den Besucher), ist respektlos.
- Vorwiegend eine strenge oder kühle Miene zu machen, um klarzustellen, wer das Sagen hat oder um von sich möglichst nichts preiszugeben, soll die anderen verunsichern.
Diese Verhaltensweisen verraten schlechten Stil, auch wenn sie gelegentlich nur als Taktik eingesetzt werden.

> Um nicht Gefahr zu laufen, aus einem Gesichtsausdruck voreilige Schlüsse zu ziehen, sollten die übrigen körpersprachlichen Signale miteinbezogen werden. Mitunter sind deutliche Inkongruenzen zu erkennen: Das Gesicht sagt etwas anderes aus als der Körper.

Das Gesicht als Spiegel der Persönlichkeit

Wenn man von einem im Gesicht sich spiegelnden Gefühl auf die ganze Persönlichkeit eines Menschen schließt, kann man sich leicht täuschen. Das ist nicht etwa auf eine Unzuverlässigkeit des Lesens in Gesichtern zurückzuführen, sondern auf die vielen anderen Aspekte, die einen Menschen ausmachen (z. B. Erfahrungen mit seinem Charakter).

Rund ums Gesicht

Der amerikanische Schauspieler Jack Nicholson beherrscht den »bösen Blick« – der jedoch nicht auf seinen Charakter schließen läßt.

Für die Beurteilung einer Persönlichkeit ist die Häufigkeit und Intensität von immer wiederkehrenden Verhaltensweisen entscheidend. Z. B.: Wann immer B ein Fehler nachgewiesen wird, gibt er anderen die Schuld dafür. Der Lehrer C ist umgänglich und entspannt, solange er doziert, aber sicht- und hörbar gereizt, wenn ein Schüler seine Thesen anzweifelt.

A sitzt vor einem Kreditsachbearbeiter und verhandelt mit ihm über ein Darlehen. Zeigt er dem Banker, wie nötig er das Geld braucht, setzt er seine Chancen herab, es überhaupt oder günstig zu bekommen. Also spielt er den Lässigen, der noch mehrere Geldquellen anzapfen könnte. Der Bankangestellte sieht ihm dies an. Er kann sich sagen, A braucht das Geld notwendiger, als er tut. Er kann sich aber nicht sagen: A ist ein unehrlicher Mensch, ein schlechter Charakter. Wüßte er jedoch, daß A gewohnheitsmäßig flunkert, Leute hereinlegt usw., dann wäre A für ihn auch in diesem Moment fragwürdig.

Diese Verhaltensweisen werden immer durch bestimmte Gefühle ausgelöst. Ein weiteres Beispiel: Ein Mensch neigt zu Schreckhaftigkeit und Ängstlichkeit. Unter normalen Umständen kann er fröhlich wie alle anderen sein. Unter starker Belastung jedoch wird seine Ängstlichkeit zur Niedergeschlagenheit: Dann fixieren sich Schreckhaftigkeit und Ängstlichkeit als Stimmung, nach längerer Zeit sogar als Persönlichkeitsmerkmal.

Das Gesicht als Spiegel der Gefühle

● Je häufiger und länger Gefühle sich im Gesicht ausdrücken, desto sicherer kann auf einen dazugehörigen Persönlichkeitszug geschlossen werden.

● Die Intensität des jeweils erlebten Gefühls entspricht nicht immer der Intensität der Mimik. Hierbei müssen kulturelle Unterschiede berücksichtigt werden. Um mit einem Klischee zu sprechen: Ein verliebter Engländer kaschiert seine Gefühle eher, ein verliebter Italiener lebt sie mit Genuß aus.

● Starke Gefühle sind bedeutend schwerer zu unterdrücken als schwache. Dadurch, daß wir sie verbergen, erreichen wir jedoch oft das Gegenteil: Dem Gegenüber ist zumeist nicht klar, in welchem emotionalen Zustand wir uns befinden. Zudem wirken wir auch nicht gerade einladend: Wir scheinen unausgeglichen, aufgedreht oder vollkommen entrückt.

● Sehr schwache Gefühle sind oft leicht festzustellen, weil wir glauben, sie würden sich nicht zeigen. Deshalb versuchen wir gar nicht, sie zu unterdrücken.

● Stimmung und Persönlichkeitsstruktur erschweren es, Gefühle vorzutäuschen. Es fällt z.B. einem vorwiegend heiteren Menschen schwerer, Traurigkeit zu spielen als einem oft traurigen Menschen, auch wenn der im Augenblick fröhlich ist.

● Jede seelische Regung will sich in einer körperlichen Bewegung, vor allem im Gesicht, ausdrücken. So prägen nach und nach vorherrschende Gefühle, Stimmungen und Charakterzüge die Gesichtsmuskulatur (und in gewissem Grade auch die Körperhaltung).

● Vorherrschende Stimmungen werden durch eine gewisse charakterliche Disposition gefördert: Wer eine Führungsposition ausübt, muß schon als »Anfänger« gerne Weisungen erteilen.

> Wir lernen von Kindesbeinen an, den Ausdruck unserer Gefühle im Gesicht zu kontrollieren. In welchem Ausmaß dies geschieht, hängt von dem kulturellen Umfeld ab, in dem wir leben. In ihren Mimik noch um einiges zurückhaltender als die Engländer sind z.B. die Menschen in Japan.

Die Gesichtsproportionen sind altersabhängig.

Im ersten Lebensjahr verdoppelt sich die Größe des Gesichts in etwa. Bis zum Ende der Pubertät proportioniert es sich aus, ab einem Alter von etwa 30 Jahren beginnen sich die Folgen des Alterungsprozesses im Gesicht niederzuschlagen.

Das Gesicht – Spiegel des Lebenslaufs

Vom Kleinkind bis zum Greis

Das Gesicht des Kleinkindes

Rund um die Erde gleichen sich alle Gesichter von gesunden Babys: Zunächst etwas kritisch dem Fremden gegenüber, beginnen sie zu strahlen, reagieren mit einem Lächeln auf ein Lächeln oder eine Bewegung der Hand. Arglos, neugierig, nach außen gewandt. Das Gesicht ist ohne Härte, ohne Kanten; die Wangen und das Kinn sind rund.

Kritiklos gibt sich das Kind dem hin, der ihm Behagen bereitet. Sofort protestiert es energisch gegen alles, was es erschreckt oder ihm Unbehagen bereitet. Es ist unfähig, auch nur die geringste Belastung reaktionslos zu ertragen, sich zu beherrschen. Das Kleinkind lebt in einer Welt der Phantasie und vergißt schnell die kleinen Enttäuschungen seiner Existenz. Es kann nicht vorwurfsvoll schauen – es sei denn, Krankheit, Hunger oder Verlassenheit quälen es.

Das Gesicht des Alters

Der alte Mensch sieht reserviert bis kritisch, oft sogar enttäuscht und verbittert aus, vor allem, wenn er sich nicht beobachtet weiß. Selbst wenn seinen Augen nichts entgeht, läßt er sich kaum auf seine Umgebung ein, sondern hält sich zurück. Nur auf einen starken Impuls hin kann er z. B. mit einem Lachen aus sich herausgehen. Ein Lächeln wird oft zu einer Grimasse. Wangen und Lippen sehen manchmal so aus, als hätte die Person etwas bitter Schmeckendes im Mund, welcher aber nicht unbedingt eingefallen ist.

Selbst wenn sich alte Menschen immer gut ernährt haben, finden sich im Gesicht neben Falten auch Kanten und Wülste. Es wirkt verhärtet, und nicht selten zeigen sich an den Schläfen sklerotische Adern. So ein Gesicht ist gezeichnet von den Schmerzen, die der Mensch zu ertragen hatte. Vielleicht erträgt er sie immer noch, zeigt es aber nicht unbedingt. Die Augen sind meistens klein und unbeweglich geworden. Die Lider hängen, und die Augen treten mehr und mehr in die Augenhöhlen zurück. Die Nasenflügel haben sich angelegt. Untersucht der Arzt die Ohren, muß er manchmal die Gehörgänge weiten. Von der einstigen prallen Fülle der Ohrläppchen ist wenig geblieben, wenngleich Form und Proportion der Ohren sich im Lauf des Lebens nicht verändern. Die Lippen sind dünn geworden; oft verkümmert zu einem Strich, der an ein umgekehrtes U erinnert. Und die Gesichtshaut ist erschlafft.

Die Persönlichkeit formt das Gesicht

Zum Glück gibt es Ausnahmen, und immer mehr Menschen wollen nicht alt werden, sondern lange jung bleiben, tun etwas dafür und erreichen es auch. Allerdings nicht mit Hilfe des Schönheitschirurgen, sondern weil sie geistig und seelisch jung geblieben sind. Damit bestätigt sich eine Gesetzmäßigkeit:

● Es ist der Geist, oder sagen wir einfacher, es ist die Persönlichkeit, die das Gesicht bildet, und wir können diese Persönlichkeit im Gesicht in allen Lebensabschnitten lesen; am leichtesten liest sie sich im höheren Alter, weil dann die Persönlichkeit mehr Zeit gehabt hat, das Gesicht zu formen.

Auch wenn sich ein Gesicht in Verlauf eines Menschenlebens extrem wandelt und gegen Ende manchmal nur noch ein Schatten seiner selbst ist: Das Wesentliche in einem Gesicht bleibt erhalten.

Das Gesicht – Spiegel des Lebenslaufs

Expandierer und Reduzierer

Unser Gesicht verändert sich laufend. Nicht nur beim Sprechen, auch beim Denken und Fühlen wechselt unsere Mimik dauernd. Selbst beim Schlafen machen wir immer wieder eine andere Miene – und nicht nur, wenn wir träumen.

Für den guten Beobachter sieht ein Mensch abends etwas anders aus als am Morgen. Aber eine Veränderung muß keinen ganzen Tag dauern. Schon ein angenehmes oder peinliches Gespräch verändert unser Gesicht. Bisher haben wir uns vor allem mit kurzfristigen Veränderungen beschäftigt, z. B. mit dem Anflug von Ärger oder Wut, der Überraschung, dem Zweifel, der Unsicherheit und der Flucht in Unwahrheiten und Verstellungen. Was tut sich aber alles in Jahren und Jahrzehnten?

Oft denken wir schon, wenn wir einen Bekannten nur wenige Wochen nicht gesehen haben: »Der ist aber alt geworden.« Somit können uns die Veränderungen von Jahrzehnten kaum mehr überraschen.

Expandierer haben eine ausgeprägte Mimik und Gestik, ihre Körpersprache ist sehr lebhaft. Sie sprechen mit Händen und Füßen, rollen dabei die Augen und ziehen allerlei Falten.

Der Expandierer

Es gibt Menschen, die sich im Laufe ihres Lebens wesentlich entwickeln. Damit gemeint sind weniger die körperlichen Veränderungen als vielmehr die geistig-seelischen Entwicklungen, die die Persönlichkeit ausprägen. Diese Menschen »dehnen« sich aus, sie sind Expandierer. Das bedeutet nicht immer, daß sie moralischere Menschen werden. Kindheit und frühe Jugend sind die Zeit der größten geistigen und psychischen Ausdehnung.

Der Expandierer gleicht dem Menschen, der an einem sonnigen Morgen ans offene Fenster tritt, seine Lungen mit Luft vollpumpt, bis sich Brustkorb und Wangen dehnen, seine Arme anwinkelt und die Bizepse »springen« läßt.

54

Der Reduzierer

Es gibt Menschen, die sich »zusammenziehen« – oft schon in der Jugend. Sie sind Reduzierer. Ein Bild: Reduzierer gleichen Menschen, die sich bei Schneeregen auf der Straße befinden. Sie schlagen den Kragen des Mantels hoch, ziehen den Kopf ein und blicken auf die Erde, grüßen einen Bekannten nicht mit ausladenden Gebärden, sondern beschränken Gestik und Mimik auf ein Minimum. Sie haben sich aber auch auf ein Minimum an Angriffsfläche reduziert. Das heißt nun nicht, daß jeder dieser Reduzierer auch geistig und psychisch reduziert worden wäre. Nein, er ist nur in sich gegangen. Ohne Zwang wird er nicht zu einer Unterhaltung auf der Straße stehenbleiben. Dadurch, daß er Abstand zu seiner Umgebung hält, werden seine Intelligenz und Lebenskraft nicht beeinflußt.

Introvertiert und extrovertiert

● Der Expandierer setzt seine kindliche und jugendliche Weltzuwendung fort, der Reduzierer wendet sich mehr nach innen. Unter den Expandierern finden sich die Extrovertierten, unter den Reduzierern die Introvertierten.
Der eher introvertierte Mensch geht sparsam und beherrscht mit seiner Mimik um. Seine Hand bewegt sich häufig zu Mund und Stirn, Zeichen für ein hohes Maß an Überlegung. Extrovertierte Menschen haben eine lebhafte Gesichtssprache, auffällig ist der starke Ausdruck ihrer Augen.
Im Alter tendieren wir alle zur Reduktion: Wir gehen nicht mehr so häufig aus uns heraus, werden vorsichtiger, lassen uns nicht mehr so leicht in die Karten schauen.
● Ein Mittel, um zu erkennen, wie Menschen zu ihrer Welt stehen, ist, den Grad von Expansion bzw. Reduktion festzustellen.

Wissenschaftler vermuten, daß Reduzierer, introvertierte Menschen, von Geburt an ein sensibleres, leichter erregbares autonomes Nervensystem haben. Auch ihre Schmerzschwelle ist niedriger.

Das Gesicht – Spiegel des Lebenslaufs

Michael Gorbatschow und George Bush

Mit über 60 Jahren ist Gorbatschow noch jung geblieben. Er hat das Gesicht und das Aussehen des Expandierers: wenige Falten, große Augen, noch volle Lippen. In seinem Gesicht sind eher eine gewisse Nonchalance und Offenheit, eher ein Lächeln als das verbissene »Njet« seiner Vorgänger zu finden. Und so hat er auch Politik gemacht – mit jugendlichem Schwung und Vertrauen auf seinen Reformkurs.

George Bush hat das Gesicht eines typischen Reduzierers: zusammengezogene Augen, enganliegende Nasenflügel, ausgeprägte Nasolabialfalten. Bei aller berufsmäßiger Herzlichkeit sieht er dennoch kühl, abwägend, fast lauernd aus. Seine Politik war entsprechend konservativ und risikoscheu. Von einem seiner Wahl- und Imageberater erfuhr man, welche Schwierigkeiten dieser Präsident hatte, charmant und locker à la Gorbatschow aufzutreten. Dem Reduzierer ist so etwas nicht gegeben.

Die beiden weltbekannten Beispiele Michael Gorbatschow und George Bush zeigen, daß die Disposition zum Expandierer bzw. Reduzierer auf die Möglichkeit zur Erlangung von Machtpositionen keinen Einfluß haben muß.

 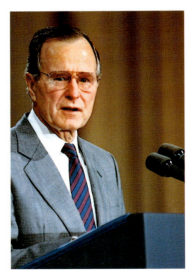

Während Gorbatschow (links) eher einen zugänglichen, einladenden Eindruck bei Pressekonferenzen macht, erscheint George Bush (rechts) reserviert und etwas steif.

Die Zeichen der Expandierer und Reduzierer

Es gibt Menschen, die haben mit 30 Jahren noch das Gesicht eines Minderjährigen, oft die Pausbacken von Babys, manchmal auch noch deren Stupsnase, die jetzt etwas fleischiger geworden ist. An ihnen gehen die Jahre scheinbar spurlos vorbei. In vielen Fällen bleiben sie jung, ohne zu reifen. Sie bewahren auch die Leichtlebigkeit mancher Jugendlicher. Andere Menschen nehmen das Leben bereits in der Kindheit so schwer, daß sie daran verzweifeln oder zerbrechen. Bei einigen Junggebliebenen darf man nicht unbedingt die geistig-seelische Reife erwarten, die ihrem Alter entsprechen würde: Oft bleiben sie für alles Schöne und Angenehme offen und wenden bewußt den Blick von den Schattenseiten des Lebens ab, die auch in ihrem Gesicht Spuren hinterlassen würden. Umgekehrt sehen wir fast täglich in den Fernsehnachrichten von Kriegsschauplätzen und Flüchtlingslagern Gesichter von Kindern, die bei aller Glätte der Haut an alte, enttäuschte, verbitterte Menschen erinnern: traurige Musterbeispiele für Reduktion.

Haben Sie den Wunsch, etwas gegen zuviel Mimik in Ihrem Gesicht zu unternehmen, dann kleben Sie sich ein Stück Tesafilm zwischen die Augenbrauen: Dort sitzt der »Dirigent« unserer Gesichtsmuskulatur. Der Tesastreifen behindert ihn: Das Gesicht wird ruhiger. Außerdem merkt man so erst, wie oft man Grimassen schneidet.

Ein Leben ohne Spuren?

Das Ergebnis einer Untersuchung von 100jährigen in der ehemaligen Sowjetunion ergab, daß sie Meister waren in der Kunst, das Leben leicht zu nehmen. Sie nahmen Unglück, Krankheit und Tod in der Familie nicht allzu tragisch und hatten bis ins hohe Alter Gesellschaft, zumindest waren Enkel und Urenkel um sie. Sie überraschten auch durch ihr jugendliches Aussehen. Sie hatten mit dem Leben nie ernsthaft gehadert, und somit hatte das Leben in ihrem Gesicht auch nicht die entsprechenden Spuren hinterlassen.

Das Gesicht – Spiegel des Lebenslaufs

Wenn das Gesicht mancher Menschen frühzeitig verfällt, geschieht dies nicht immer wegen objektiv schwerer Belastungen, sondern oft wegen einer Neigung zum Dramatisieren, schlechten Nerven oder Wichtigtuerei.

Geringfügige Ereignisse, von denen sie meist gar nicht selbst betroffen sind, können sie so sehr bewegen, daß diese ständige Anteilnahme schließlich Spuren im Gesicht hinterläßt.

Spannung und Schlaffheit im Gesicht

Sicher kennen Sie den »langen Lulatsch«, der mit Rundrücken, hängenden Schultern, nahe am Körper baumelnden Armen und unbestimmten Schritten herumschleicht. Oft ist er zudem sehr blaß. Hochgewachsene mit niedrigem Blutdruck und ohne Motivation geben solch ein Bild der Energiearmut ab. Ganz anders der »Kugelblitz«: Kompakt und voller Kraft, oft quirlig und selten hochgewachsen, schießt er durch den Raum.

1. Der lebende Organismus ist stets Anforderungen ausgesetzt, auf die er reagieren muß. Kurz Gestrafftes kann sich schneller bewegen als lang Entspanntes: Denken Sie z. B. an die Beweglichkeit der Finger eines Orgelspielers und im Vergleich dazu an die sehr langsamen Bewegungen seiner Beine und Füße. Kurze Muskeln (z. B. an den Fingern) sind beweglicher als lange (z. B. am Oberschenkel oder Oberarm).

2. Verkürzte Muskelfasern sind gespannte Muskelfasern. Die Muskelfasern spannen sich bei Anforderung. Sie entspannen sich entsprechend bei Passivität und werden dabei länger.

3. Die Schlaffheit liest sich nicht nur an den Augen ab (z. B. am Blick eines Kranken), sondern auch an der Entspannung und relativen Länge der Gesichtsmuskeln.

4. Anspannung der Muskeln verrät Aktivität, Schlaffheit der Muskeln Passivität.

Auf das Gesicht übertragen, kann sich Schlaffheit, also Passivität der Gesichtsmuskeln, beispielsweise in einer undeutlichen, verwaschenen Aussprache äußern. Es fehlt ihr der Nachdruck.

Test

1

Denken Sie an eine Situation, die Sie sich nicht mehr länger bieten lassen wollen, und sagen Sie sich still: »Ich werde bei nächster Gelegenheit auf den Tisch hauen und meine Meinung sagen!« ✳ Wie empfanden Sie dabei die Muskulatur von Hals, Kinn, Lippen, Wangen und Stirn? Wenn Sie nicht darauf geachtet haben, wiederholen Sie bitte den Test. Höchstwahrscheinlich waren Ihre Muskeln leicht ange- spannt. Hätten Sie dabei in den Spiegel geschaut, wäre dies sichtbar gewesen.

2

Denken Sie an etwas, das Ihnen gleichgültig ist, und sagen Sie sich: »Das ist mir so schnuppe wie die Schuhnummer von Karl dem Großen.« ✳ Ihre Gesichtszüge waren wahrscheinlich völlig entspannt. Vielleicht war Ihr Mund hinterher sogar noch leicht geöffnet. Kontrollieren Sie sich im Spiegel.

Das Zusammenspiel von Offen-Reduziert und Angespannt-Schlaff

Die folgende Gegenüberstellung geht von natürlichen, also nicht gespielten oder unterdrückten Reaktionen aus. Betrachten wir nochmals das Gegensatzpaar von Expandierer und Reduzierer:

Wir bezeichnen das Gesicht des Expandierers als offen, das Gesicht des Reduzierers nennen wir eher verschlossen.

1. Ein Mensch mit offenem Gesicht und gespanntem Muskeltonus reagiert mit jugendlichem Elan – je nachdem, wie er möchte, protestierend, bejahend, ergänzend, einschränkend.

2. Ein Mensch mit offenem Gesicht, aber schlaffem Muskeltonus antwortet auf Reize weniger energisch wie im ersten Fall. Vielleicht läßt er das Ereignis ohne große innere Anteilnahme vorübergehen.

Ist die Muskulatur im Gesicht gespannt, vermittelt da es Dynamik. Das zeigt sich auch beim Sprechen: Der Unterkiefer bewegt sich energisch, oft wird das Kinn nach vorne geschoben, die Zähne bewegen sich deutlich auseinander.

Das Gesicht – Spiegel des Lebenslaufs

3. Ein Mensch mit reduziertem Gesicht und straffem Muskeltonus neigt zu vorsichtigen Reaktionen, vor allem, wenn er sich in einer schwachen Verhandlungsposition befindet. Dann wird er den Fall registrieren und vielleicht erst reagieren, wenn die Situation für ihn günstiger ist.

4. Ein Mensch mit reduziertem Gesicht, aber schlaffem Muskeltonus flüchtet sich bei Widerstand gern in Passivität, um sich zunächst zu schützen. Das heißt aber nicht, daß er gegebenenfalls auf die Möglichkeit von intelligentem Taktiken oder auf Intrigen verzichtet.

Was hier für einzelne Situationen umrissen wurde, gilt genauso für Langzeitverhalten. Gorbatschow (offenes Gesicht mit straffem Muskeltonus) würde nicht nur in bestimmten Situationen, sondern gemäß seinem Lebensfahrplan so handeln, wie es im ersten Fall beschrieben wurde.

Bush, als Reduzierer mit straffem Muskeltonus, würde sich im großen und ganzen so verhalten, wie es im dritten Fall beschrieben wurde.

Aktivität und Anpassung

Bei Menschen mit offenem Gesicht herrscht der Wille zum Erobern, zum Erwerben, zur Selbstbehauptung, zur Entwicklung vor. Die richtigen Methoden, um diesen Willen umzusetzen, sind Aktivität, Zusammenarbeit mit Partnern, Eingliederung ins Team, aber auch, wenn nötig, Angriff. Diese Personen leben in der Gegenwart, gehen auf in Situationen, in denen etwas zu tun, zu verwirklichen ist. Geduld für lange Projekte ist nicht ihre Stärke, sie können aber voller Begeisterung motivieren. Sie passen sich gern an, wenn sie damit ihren Zielen schnell näherkommen. Deshalb übernehmen sie unbedacht Ideen und Verhaltensweisen – und deshalb gelten sie oft als Opportunisten. Eine straffe Gesichts-

> Das zwischenmenschliche Verhalten von Offengesichtigen ist kontaktorientiert. Sie schätzen Gespräche und haben ein ausgeprägtes Bedürfnis nach Harmonie. Wirbel und Durcheinander um sie herum machen ihnen nichts aus.

Charakteristika im Vergleich

muskulatur verrät, daß alle diese Eigenschaften verstärkt vorliegen. Eine weiche bis schlaffe weist auf eine Schmälerung hin. Menschen mit offenem Gesicht und schlaffem Muskeltonus passen sich so leicht ihrer Umgebung an, daß sie diese gar nicht mehr verändern wollen, sondern sie nur noch passiv genießen oder notfalls ertragen, wenn Ertragen angenehmer als Kämpfen ist.

Vorsicht und Beständigkeit

Bei Menschen mit reduziertem Gesicht herrscht das Bedürfnis nach Bewahren und Beschützen des Bestehenden vor. Fühlen sich solche Personen sicher, z. B. in ihrer Familie oder unter guten Freunden, können sie aus sich herausgehen; in einem fremden, unangenehmen Umfeld verschließen sie sich leicht. Hinsichtlich zwischenmenschlicher Kontakte sind sie wählerisch und oft linkisch, z. B. machen dann Politiker, die vor Wahlen das Bad in der Menge suchen müssen, eine komische Figur.

Reduzierer äußern sich besonders vorsichtig, und da sie zur Ernsthaftigkeit und zum Sinnieren neigen, klingen ihre Argumente meistens überlegt und logisch.

Was bei ihnen oft als Gefühlskälte gedeutet wird, ist eher der Versuch, nicht zuviel von sich preiszugeben. Sie lassen sich Zeit damit, Freundschaften zu schließen.

Aggressionen zeigen sich nicht direkt, und wenn sie sich einmal entladen, dann hatten sich wirklich viele angestaut.

Da sie nicht mit fliegenden Fahnen siegen wollen, sondern mehr das schrittweise Vorgehen schätzen, sind sie nicht so schnell zu entmutigen.

Bei Menschen mit reduziertem Gesicht und ausgeprägt schlaffem Muskeltonus ist der sowieso schon geringe Elan noch gebremst, so daß sie oft schwunglos und langweilig bis völlig kraftlos sind.

> Menschen mit reduziertem Gesicht können sich manchmal ihre Zurückhaltung berufsbedingt nicht leisten (z. B. wenn sie im Außendienst tätig sind). Die unter diesen Voraussetzungen geknüpften Kontakte bleiben aber oberflächlich.

Um die ovale Gesichtsform zu bekommen, werden mit Schminke unterhalb der Wangenknochen Schatten vorgetäuscht.

Es bedarf schon eines recht geübten Blicks, um den Gesichtsrahmen eines Menschen den vier verschiedenen Schemata zuordnen zu können. Denn oft kaschieren eine geschickte Frisur, ein Bart, auffälliger Ohrschmuck oder auch bestimmte Brillenmodelle die Ausprägungen einer Gesichtsform.

Die Gesichtsrahmen

Vier Entwicklungsmöglichkeiten

Es gibt Menschen, deren endgültige Gesichtsform spätestens mit Ende der Pubertät schon ziemlich ausgeprägt ist. Sieht man sie z. B. auf einem Foto aus ihrer Schulzeit, erkennt man sie sofort. Bei anderen aber sagen wir: »Was, das sollen Sie sein!«

Natürlich erweitert sich der Gesichtsrahmen (der Gesichtsumfang) eines Babys, so wie seine zierlichen Händchen zu Händen werden oder der zerbrechliche Knochenbau sich entwickelt und eines Tages vielleicht den Körper eines schwer arbeitenden Menschen stützt.

Das im allgemeinen eher rundliche bis ovale Gesicht des Kleinkindes hat vier Entwicklungsmöglichkeiten:

- Es bleibt oval. Auch im runden Gesicht herrscht das Oval vor.

- Es erhält eine eher viereckige Form, d. h. die Unterkiefer- und die seitliche Stirnpartie prägen sich deutlich aus.

- Es nimmt die Form einer Birne an; hier prägt sich hauptsächlich die Unterkieferpartie aus.

- Es erinnert an ein Dreieck, dessen Spitze nach unten zeigt – die Stirnpartie ist dominant, der Unterkiefer eher zurückhaltend.

Dem Schönheitsideal entsprechend

Der ovale Gesichtsrahmen

Ist das Gesicht oval, so hat es sich am wenigsten vom Gesichtsrahmen des Kleinkindes wegentwickelt. Auch wenn es bereits völlig ausgeprägt ist, erinnert das ovale Gesicht noch stark an die Kindheit, an die Jugend. Und in der Tat wird rund um die Erde das jugendliche Gesicht als das schönere angesehen.

Wundert Sie es da noch, daß die berühmten Schönheiten alle ovale Gesichter haben, z.B. die göttliche Garbo, Ingrid Bergman, Elizabeth Taylor? Auch Claudia Schiffer hat ein ovales Gesicht. In einem klassischen ovalen Gesicht, geprägt von Symmetrie und Harmonie, wird unser Blick auch nicht auf eine dominierende Stirn, auf ein mächtiges oder fliehendes Kinn gelenkt – wir sehen darin das Schönheitsideal. Das ovale Gesicht erregt in uns Emotionen, weil wir an ein Schönheitsideal erinnert werden, das schon die alten Griechen oder die Bildhauer der Renaissance hatten. Denken Sie nur an den David von Michelangelo.

Hang zu großen Gefühlen

Der ovale Gesichtsrahmen tendiert zum Sechseck, wenn die Backenknochen stark hervortreten, wie dies z.B. häufig bei Weißrussen, Ukrainern, Balten und Großrussen zu finden ist: Menschen, die sich nach eigenen Angaben stark von ihrer Seele leiten lassen. Lesen Sie die große russische Literatur, und Sie wissen, wie groß dort die Bedeutung der Seele ist.

In der Nasengegend finden wir Hinweise auf das Gefühlsleben eines Menschen: Bewegungen der Nase beim Atmen und Schniefen, das Vibrieren der Nasenflügel bei sexueller Erregung und Zorn. Je breiter und ausladender diese Zone ist, desto größer ist wahrscheinlich der Einfluß der Gefühle auf die Lebensgestaltung.

Menschen mit ovalem Gesicht erinnern an Kinder. Das Kind lernt fleißig, wenn ihm der Lehrer sympathisch ist; es verliert das Interesse bei jemandem, der weniger nett ist. Entsprechend verhalten sich diese Menschen vorwiegend gemäß der seelischen Verbindung zu ihrem Gegenüber. Wir alle brauchen Liebe und Anerkennung, aber unterschiedlich stark. Je schmäler das Gesicht in der Nasengegend ist, desto geringer ist wahrscheinlich die seelische Empindsamkeit.

Die Gesichtsrahmen

Der viereckige Gesichtsrahmen

Ein Gesicht wirkt viereckig, wenn die Kinnpartie fast so breit ist wie die Stirn. Dies ist das Schönheitsideal des weißen Nordamerikaners, des Briten, des betont männlichen Mannes. Männliche Models, die für Herrenkleidung, Herrenparfums, drahtlose Telefone und ähnliche Prestigeobjekte des kühlen Er-folgsmenschen werben, haben z. B. solch ein viereckiges Gesicht.

Starr und unerbittlich

Früher trugen Offiziere und hohe Regierungsbeamte Monokel: Dieses Einglas wurde vor das Auge gezwängt und verpflichtete den Träger zu einem möglichst starren Gesicht mit angespanntem Muskeltonus. So wurde ein viereckiges Gesicht, wie es die Franzosen vor allem unter den deutschen Offizieren, den unerbittlichen Pflichterfüllern, festzustellen glaubten, noch betont. Nicht umsonst wird mit dem Begriff »Quadratschädel« ja auch die Starrsinnigkeit eines Menschen zum Ausdruck gebracht.

Der birnenförmige Gesichtsrahmen

Sehen wir ein Gesicht, das in der Mund- und Kinnpartie am breitesten ist, denken wir kaum an einen Asketen, Theoretiker, Haarspalter oder Träumer. Eher kommt uns jemand in den Sinn, der die irdischen Genüsse zu schätzen weiß. Die zwei unserer fünf Sinne, die am frühesten entwickelt waren, sind der Geschmacks- und der Geruchssinn.
Die ersten Instinkte waren verbunden mit diesen beiden Sinnen. Beim neugeborenen Menschen ist sofort der Sauginstinkt entwickelt, damit auch der Sinn für Geschmack und

> Möglichst wenig Gefühle zeigen, sie notfalls unterdrücken, jede Situation zunächst kühl und genauestens analysieren, bevor man einen Entschluß faßt und handelt – das sind die Verhaltensweisen, die man bei einem viereckigen Gesicht assoziiert.

Geruch. Die Geruchs-Geschmacks-Ernährungsregion ist das untere Drittel des Gesichts. Dieser Bereich ist maßgebend für unser Überleben, denn Geruch und Geschmack sind nicht nur für die Ernährung, sondern auch für die Sexualität von Bedeutung.

Wir täuschen uns kaum, wenn wir beim Anblick eines Gesichts mit birnenförmigem Rahmen gesunden Menschenverstand vermuten. Solche Menschen kennen die Preise, sind keine Phantasten, wissen, daß sich im Leben auf Dauer alles rechnen muß. Visionen dürfen wir von ihnen nicht erwarten, auch kein Interesse für Gedankenspiele.

Vital und genießerisch

Wenn sich solche Menschen gelegentlich wie Elefanten im Porzellanladen benehmen, dann kann dies geschehen: Sie merken es vielleicht erst hinterher und sind dann überrascht, wie empfindlich andere sein können. Ihre Vitalität ist meist beachtlich: Sie halten so manchen gesundheitlichen Schlag aus, wenn sie nicht stark übergewichtig sind. Sie mögen reichlich gutes Essen, das gebührend begossen gehört. Und weil Kunst nicht unbedingt eine ernste Angelegenheit sein muß, haben sie durchaus auch dafür Interesse. Alles Schöne und Gute ist nun einmal zum Genießen da. Auch bei der Liebe geht es ihnen mehr um den Genuß als um die edlen Gefühle.

Bei Menschen mit birnenförmigem Gesichtsrahmen und straffem Muskeltonus kann man davon ausgehen, daß sie ihre vorwiegend materiellen Ziele mit ungeheuerlicher Energie erkämpfen können. Straffer Muskeltonus verrät, daß Menschen mit birnenförmigem Gesichtsrahmen unbedenklich ihre vorwiegend materiellen Ziele mit der Energie von Dampfwalzen erkämpfen können. Bei schlaffem Muskeltonus dominiert ein abwartender Zug: Der etwas träge gewor-

Der Inbegriff des birnenförmigen Gesichtsrahmens ist der von Helmut Kohl. In den Anfangsjahren seiner Kanzlerschaft, als viele glaubten, er sei seinen Aufgaben nicht gewachsen, wurde er sogar respektlos »Birne« genannt.

Die Gesichtsrahmen

dene Jäger pirscht sich nicht mehr an seine Beute heran, sondern wartet, bis sie ihm vor die Flinte läuft. Die Freude am Er-jagen ist aber die gleiche geblieben. Also Vorsicht!

Der dreieckige Gesichtsrahmen

Ein dreieckiger Gesichtsrahmen ist dadurch bedingt, daß die Stirnpartie den flächenmäßig größten Teil des Gesichts einnimmt, während die Kieferpartie sich nach unten zuspitzt. Somit ist in diesem Gesicht die Stirn völlig dominant. Daß aber eine hohe und breite Stirn unbedingt auf einen intelligenten Menschen schließen lassen muß, ist nur ein Klischee. An der Höhe und/oder Breite der Stirn ist die Intelligenz nicht abzulesen.

Oft werden Menschen mit einem dreieckigen Gesichtsrahmen auch die Eigenschaften hypersensibel und mißtrauisch zugeschrieben. Diese Aussagen sind mit ebensolcher Vorsicht zu genießen.

Hinter einer hohen oder hohen und breiten Stirn kann das Gehirn eines Genies arbeiten, aber auch das eines durchschnittlichen oder völlig einfältigen Menschen.

Das Schönheitsideal ist dem Wandel der Zeit unterworfen: Fotomodelle, die heute zu den schönsten Frauen gehören, können in ein paar Jahren von einem anderen Typus abgelöst werden.

Die Formen des Gesichtsrahmens

1. Der ovale Gesichtsrahmen

Unsere Vorstellungen von Schönheit sind eng mit dem ovalen Gesichtsrahmen verbunden: Schöne Gesichter sind ovale Gesichter, vor allem bei Frauen finden wir das. Ovalgesichtige gehören zu im positiven Sinn kindlich bis jugendlich gebliebenen Menschen mit Offenheit, Vertrauen und Gefühlen.

2. Der sechseckige Gesichtsrahmen

Bei diesem Gesichtstyp, einer besonderen Ausprägung des ovalen Gesichtsrahmens, ist das Gefühlsleben noch stärker ausgeprägt als im obigen Fall.

3. Der viereckige Gesichtsrahmen

Menschen mit diesem Gesicht gelten als kühl bis kalt, geradlinig bis aggressiv und zielstrebig. Das Interessante dabei: In unseren Augen ist ein attraktiver Mann ein Mann mit einem viereckigen Gesicht.

Dem gegenwärtigen männlichen Schönheitsideal scheinen Männer zu entsprechen, deren kantiges, viereckiges Gesicht auf einem extrem muskulösen Hals sitzt.

4. Der birnenförmige Gesichtsrahmen

Vertreter dieses Gesichtsrahmens schätzen gutes Essen und Trinken sowie alles Materielle. Sie sind vital, unkompliziert, nüchtern und praktisch. Auf dem Gebiet der Kunst erweisen sie sich eher als Genießer denn als Schöpfer, und auch in der Liebe zeigen sich Menschen mit birnenförmigem Gesicht sehr genußorientiert.

5. Der dreieckige Gesichtsrahmen

Menschen mit dreieckigem Gesicht wird meist eine rege Gehirntätigkeit nachgesagt. Bei ihnen besteht die Tendenz, Gefühle zu verdrängen sowie auch Instinkt und Intuition nicht wahrzunehmen.

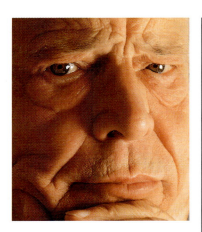

Die Augen gelten als »Fenster der Seele«. Auch wenn wir mehr zum Typus Ohrenmenschen gehören: Die erste Rezeption geschieht zumeist über das Sehen.

Ist die Wahrnehmungsfähigkeit über eine bestimmte Antenne (z. B. das Gehör) besonders gut entwickelt, nehmen wir über unsere anderen Sinneskanäle womöglich zu wenig auf. Solchen Einseitigkeiten sollte entgegengewirkt werden.

Die Sinnesorgane im Gesicht

Die Bedeutung der Antennen

Erinnern Sie sich daran, daß wir unser Gedächtnis mit einer riesengroßen Bibliothek verglichen haben, in der an unterschiedlichen Stellen Gesehenes, Gehörtes, Gefühltes, Gerochenes und Geschmecktes gesammelt sind. Wie sind diese Eindrücke dorthin gelangt? Durch unsere fünf Sinne: den Seh-, den Hör-, den Geruchs-, den Geschmacks- und schließlich den kinästhetischen Sinn, der Muskelempfindungen registriert.

Es ist also passend, diese Sinnesorgane als Antennen zu bezeichnen, die Außenreize einfangen und dann über spezielle Nerven in dafür bestimmte Bereiche im Gehirn leiten.

Augenmenschen, Ohrenmenschen

Von den Antennen unserer fünf Sinne liegen vier im Gesicht (Augen, Ohren, Nase und Mund). Sie ermöglichen uns durch die Aufnahme neuer Reize, die im Gehirn mit den bereits gespeicherten verglichen werden, neue Eindrücke und Erfahrungen. Ein Augenmensch, als den z. B. Goethe sich bezeichnete, wird im Alter von 35 Jahren mehr gesehen, ein genialer Musiker wie Mozart mehr gehört, ein großer Musiker und nicht weniger begabter Koch wie Rossini viel gehört, aber mehr als Mozart gerochen und gekostet haben. Wir sehen den Antennen im Gesicht an, welche Rolle sie im Leben eines Menschen spielen.

Eindrücke für Augen, Nase, Mund und Ohren

Verschlafenen Augen entgeht mehr als hellwachen. Wollen wir mit unserem Geruchssinn etwas genau ermitteln, schnuppern wir. Bei Hunden, Rehen, Hirschen sehen wir noch ganz deutlich, wie dabei die Nasenflügel vibrieren. Bei uns ist dies weniger deutlich sichtbar. Denken wir an Eß- oder Trinkbares, läuft uns das Wasser im Mund zusammen, wir führen (meist unbewußt) die Zungenspitze über die Lippen und müssen dann schlucken.

Wie groß ist die Empfangsbereitschaft?

In einem offenen Gesicht (z.B. dem des Kindes) sind auch Augen, Ohren, Nase und Mund offen, d.h. auf Empfang gestellt.

Die Kindheit ist die Zeit des Lernens. Nie mehr im Leben nehmen wir so viele Informationen auf wie in den ersten Jahren. Wir lernen eine Sprache mit den Feinheiten der Aussprache; wir können uns bald orientieren; wissen, wer und was für uns gut oder schlecht ist; lernen gehen, laufen, klettern, oft schon schwimmen. Würden wir uns in diesem Tempo bis zum 15. oder 20. Lebensjahr weiterentwickeln, bestünde die Menschheit fast nur aus Genies. Diese Lernphase ist die Zeit der auf Empfang gestellten Antennen.

Die Antennen werden eingezogen

Mit zunehmenden Alter verringern sich die Aufnahmebereitschaft und -fähigkeit der Antennen. Man kann zwar mit hängenden Lidern auch sehr genau beobachten, wie dies beim lauernden Blick der Fall ist. Aber das ist nicht mehr der Blick, der aus dem Interesse resultiert, die Welt zu betrachten, zu verstehen und zu erobern. Da man schon vieles weiß, werden

Schulen Sie Ihre Antennen, indem Sie sich tageweise auf einzelne konzentrieren. Entziehen Sie sich beispielsweise einen Tag lang, so weit es geht, visuellen Reizen, versuchen Sie, mehr auf Worte zu achten. Lassen Sie z.B. den Fernseher ausgeschaltet, und hören Sie sich ein schönes Musikstück an.

Die Sinnesorgane im Gesicht

jetzt nur noch bestimmte Details herausgefiltert. Mit dieser eingeschränkten Sichtweise lernt man aber nicht mehr viel dazu.

Ein Kleinkind steckt noch sehr viele Gegenstände in den Mund, um sie genauestens kennenzulernen. Bereits der Halbwüchsige verzichtet auf diese Art der Erfahrung.

Offenbar ist für das Kind noch bedeutend mehr wichtig als für den Erwachsenen, der meint, nicht mehr viel Neues erfahren zu müssen, da er das für ihn Wichtige ja schon kennt. Deshalb sind die Antennen zu Beginn des Lebens noch auf vollen Empfang geschaltet, während sie später immer mehr an Bedeutung verlieren und womöglich ganz eingezogen werden. Dem Erwachsenen genügen einige wenige Außenreize, die er mit seinen Sinnesorganen aufgefangen hat, um sie durch den Vergleich mit seinen Erfahrungen zu einer Erkenntnis zu machen.

Wer auch im fortgeschrittenen Alter seine »fünf Sinne beisammen« hat, kann über seinen Tellerrand hinausblicken und Toleranz entwickeln.

Eine zentrale, häufig bestätigte Erfahrung kann dann leicht zum Regulativ neuer Wahrnehmungen und Erkenntnisse werden. Ein Arzt schnuppert z. B. im Gespräch mit einem Patienten Azeton und vermutet sofort eine Zuckerkrankheit. Diese Erfahrung ist also bereits völlig verinnerlicht und kann immer wieder schnell und ohne großen Einsatz der Antennen gemacht werden. Auch an dieser Verinnerlichung liegt die nachlassende Aufnahmebereitschaft der Antennen.

Vier Kombinationen von Gesichtsrahmen und Antennen

Das offene Gesicht

Der Gesichtsrahmen ist groß, und auch die Antennen sind groß und aufnahmebereit. Dieser Mensch wendet sich der Welt zu – manchmal zu blauäugig, gutmütig und offen.

Weltoffenheit und Rückzug

Nimmt die Aufnahmebereitschaft der Antennen dann langsam ab (z. B. leicht geschlossene Lider, an- liegende Nasenflügel, dünner gewordene Lippen), hat die Verinnerlichung eingesetzt, d. h. die Selbstkontrolle ist grö-ßer geworden, die Skepsis hat zugenommen, weil Lebens- und Berufserfahrungen mehr geworden sind.

Das reduzierte oder verschlossene Gesicht

Der Gesichtsrahmen ist klein, die Aufnahmebereitschaft der ebenfalls kleinen Antennen verringert sich. Solche Menschen ziehen sich gerne in sich zurück, auch schon wegen eines (oft unberechtigten) Gefühls mangelnder Durchsetzungskraft.

Das erstaunte Gesicht

In diesem Fall ist ein kleiner Gesichtsrahmen mit überproportionalen Antennen gegeben. Solche Menschen scheinen immer die Augen aufzureißen, die Nasenflügel wirken in Bewegung und die Ohren gespitzt. Liza Minelli ist das Musterbeispiel eines solchen Menschen. Übrigens findet man solche Gesichter vermehrt bei Leuten aus dem Showbusiness, die voller Leben und Hingabe an Beruf und Publikum auftreten und dann den Applaus mit unschuldig aufgerissenen Augen in Empfang nehmen, als wären sie auch noch erstaunt darüber.

Das erstaunte Gesicht findet man weniger in nördlichen Ländern, sehr häufig dagegen bei Menschen im Mittelmeerraum, die als sehr temperamentvoll gelten.

Im erstaunten Gesicht spiegeln sich alle Reaktionen auf innere und äußere Impulse wohl am prägnantesten wider. Und deshalb erlebt man bei Menschen mit diesem Gesicht nie, daß sie ohne sichtbare Reaktionen zuhören oder ohne starke Mimik sprechen. Sie verhalten sich unbewußt so, wie

Menschen mit einem erstaunten Gesicht strahlen auch eine kindlich wirkende Unbedarftheit aus. Sie haben deshalb oft das Problem, von ihrer Umgebung nicht ganz ernstgenommen zu werden.

Die Sinnesorgane im Gesicht

Ein Gesicht mit großem Gesichtsrahmen und extrem kleinen Antennen war das von Heinrich VIII. Seine Biographie beweist, daß er vor Vitalität und Machtwillen nur so strotzte.

sich ein Schauspieler ganz bewußt verhält. Sie lieben es auch, der Mittelpunkt von Gesellschaften zu sein und bewundert zu werden.

Menschen, die derart intensiv auf Reize reagieren und beständig aktiv sind, erschöpfen sich aber auch sehr schnell. Wenn die Reizflut dann nicht einmal mehr von der Kraftlosigkeit ablenken kann, sind depressive Phasen (auch in Gesellschaft) keine Seltenheit. Die Lebendigkeit im Gesicht verschwindet, Trauer, Zweifel oder Lethargie sind zu sehen.

Das konzentrierte Gesicht

Ein großer Gesichtsrahmen und sehr kleine Antennen kennzeichnen dieses Gesicht. Augen, Nase und Mund erinnern an den Abfluß eines großen Trichters, so eng liegen sie manchmal beieinander. Was in diesen Trichter gelangt, verschwindet, und es wird oftmals nichts zurückgegeben. Kleine Augen und meist auch ein kleiner Mund konzentrieren sich auf engem Raum und können manchmal derart aggressiv wirken, daß man zu spüren glaubt, mit welch konzentrierter Energie solche Menschen ihre Ziele verfolgen können.

Das wesentlichste Charakteristikum eines Menschen mit konzentriertem Gesicht, die Ichbezogenheit, äußert sich zum einen in Eigenbrötlerei:

Konzentriert arbeitet er an der Lösung eines Problems und hört dabei nur sehr ungern auf andere, die er oft gar nicht versteht, weil seine Antennen zu klein sind.

Die Ichbezogenheit kann sich aber auch in einem stark ausgeprägten Egoismus zeigen:

Vor allem, wenn die Antennen nicht nur klein, sondern auch noch verdeckt sind (zusammengekniffene Augen, enganliegende Nasenflügel, kleiner und zusammengekniffener Mund), muß man mit einer großen Willensstärke (auch zur Macht), aber auch oft mit einer ziemlichen Introvertiertheit rechnen.

Konzentration und Egoismus

Andere Menschen sind dann nur Mittel, das Gewünschte auszuführen (d. h. die Macht zu gewinnen und zu erhalten). Wenn Sie das Gesicht eines Menschen im Hinblick auf seine Antennen und seinen Gesichtsrahmen studieren wollen, bedenken Sie bitte eines: Manchmal wirken die Antennen nur deswegen so dominierend groß, weil der Gesichtsrahmen so klein ausgefallen ist.

Charakteristika der Gesichtsrahmen		
GESICHTSRAHMEN	ANTENNEN	CHARAKTERISTIKA
Groß	Groß, aufnahmebereit	Weltzugewandt, personenorientiert; bei beginnender Reduktion Zunahme der Selbstkontrolle
Klein	Klein, nicht aufnahmebereit	Neigung zu Introversion, Gefühl mangelnder Durchsetzungskraft
Klein	Groß bis sehr groß, sehr aufnahmebereit	Vor Publikum immer auf Hochtouren, anbiedernd, Feingefühl für Wirkung, geborene Schauspieler; wach, schnell reagierend; bei echter oder vermeintlicher Ablehnung und Erschöpfung Niedergeschlagenheit oder Interessenlosigkeit
Groß	Sehr klein und eng beieinanderliegend	Eigenbrötler und Egoisten, die viel lieber nehmen als geben

Bitte verstehen Sie die den verschiedenen Gesichtstypen (offen, reduziert, erstaunt, konzentriert) zugewiesenen Eigenschaften als Orientierungsrahmen. Natürlich und zum Glück gibt es Abweichungen von diesem Muster.

In der Antike galt das Profil als die aussagekräftigste Ansicht einer Person.

Wenn wir einen Menschen als profillos bezeichnen, wollen wir damit zum Ausdruck bringen, daß dessen Persönlichkeit wenig ausgeprägt ist und wir deshalb nicht recht wissen, wen wir vor uns haben.

Das Profil

Die Aussagekraft der fünf Profile

Das Profil verrät uns, wie sich der Mensch seiner Umwelt gegenüber fühlt und verhält:
- Wie er mit ihr in Kontakt tritt
- Wie er sich bei Hindernissen verhält

Das Gesicht eines Kindes ist sehr charakteristisch: pausbäckig, mit hoher, gewölbter Stirn, Augen, Nase und Mund auf kleinstem Raum zusammengedrängt. Es übt auf uns eine starke Anziehung aus. Verhaltensforscher sprechen hier vom sogenannten Kindchenschema. Mit Vollendung der Pubertät hat ein Mensch meist seine endgültige Gesichtsform, folglich auch sein endgültiges Profil ausgeprägt.
Im großen und ganzen kann sich das Profil des Kindes auf fünf verschiedene Arten entwickeln.

Das dynamische Profil

Das Profil des Kindes erinnert an eine Halbkugel. Stellen wir uns zur Veranschaulichung eine Kugel aus nassem Ton vor, aus der der Kopf einer erwachsenen Person modelliert werden soll. Zieht man etwa ein Drittel der Kugel auf einer Seite in die Länge, wird die ursprüngliche Kugelform dynamisiert und bekommt eine gewisse Windschlüpfrigkeit.
Stellt man sich diesen Dynamisierungseffekt nun am Kopf des Kindes vor, wird klar, daß sich auch die Stellung der Ohren verändern muß: Sie werden aus ihrer vertikalen Position leicht nach hinten gekippt oder an den Ohrläppchen nach vorne gezogen.

Ziehen wir Modelliermasse in die Länge, wird sie dünner. Vergleichbar macht die dynamisierende Wirkung ein Gesicht meist schlanker. Diese Entwicklung zeigt sich am deutlichsten an den Schläfen, die sich abflachen, wenn sie sich nicht gar nach innen wölben. Auch die Wangen sinken ein, was dann die Backenknochen deutlicher hervortreten läßt. In der Morphologie des Gesichts kommt es zu einer Reduktion (zur Erinnerung: alles, was sich zusammenzieht, verkleinert, einsinkt), die das dynamische Profil vollendet.

Reduktion heißt in unserem Zusammenhang aber auch: Verinnerlichung, Kontrolle, Selbstbeherrschung.

Über das Profil eines derart dynamisierten Gesichts, mit der Reduzierung an den Schläfen und Wangen sowie dem Ausdruck der Beherrschtheit, verfügte z. B. der junge Napoleon. Und wirklich »fegte« Napoleon tatkräftig knappe 20 Jahre durch Europa wie keiner vor und keiner nach ihm. Das Profil Alexanders des Großen, das wir nur von ungenau geprägten Münzen und einem Mosaik her kennen, erinnert ebenfalls an diesen Typus.

Der harmonische Keil

Formt man aus der runden Tonkugel aber lediglich eine große Nase nach vorn aus, entsteht das Profil eines harmonischen Keils.

Sehr ausgeprägt ist solch ein Profil bei Steffi Graf. Die starke Dynamisierung ist unübersehbar, und wie bekannt ist, besitzt Steffi Graf ja auch die kraftvolle Angriffsbereitschaft, die man im Sport braucht, um an die Spitze zu kommen. Auch ihre große Gegnerin Martina Navratilowa hat ein ähnliches Profil. Die Dynamisierung hat aber die Kinnpartie nicht erfaßt, was ihr die sensible Fraulichkeit geraubt hätte. Beachten Sie auch die relativ kleinen Augen, die sehr eng anliegenden Nasenflügel und die eher schmalen Lippen: drei typische

In der Folge von Alexander dem Großen, der von 356 bis 323 vor Christus lebte, war es unter den Herrschern beliebt, ihr Portrait im Profil auf Münzen prägen zu lassen.

Das Profil

Zeichen der Reduktion. Diese Reduktionen machen Steffi Grafs Selbstbeherrschung, aber auch Vorsicht plastisch erkennbar.

Keilprofil mit fliehendem Kinn

Oft sieht man Profile mit ausgeprägter Nase, bei denen allerdings die Kinnpartie auffallend zurückweicht, so daß beim Betrachten der Blick abwechselnd zur dominierenden Nase und zum unterentwickelten Kinn gezogen wird. Man empfindet einen Widerspruch, und in der Tat liegt ein Widerspruch auch in der Persönlichkeit vor: Die Nase deutet auf den Willen hin, nach vorn zu streben, zu erobern, aber diesem Menschen fehlt es an der nötigen Vitalität, um diese Ziele zu erreichen.

Keine Regel ohne Ausnahme: Erstaunlicherweise findet man markante Nasen bei gleichzeitig fliehendem Kinn überdurchschnittlich häufig unter Sprinterinnen und Sprintern.

Gestauchtes Profil

Läßt man die Tonkugel auf den Tisch fallen, wird sie an der Aufprallstelle gestaucht und abgeflacht. Auf ein Gesicht übertragen, sprechen wir vom gestauchten Profil.
Dabei handelt es sich um eine nicht mehr zu überbietende Profilreduzierung, die vor allem Selbstkontrolle, Selbstbeherrschung, verhaltene Energie ausstrahlt. Man wird bei Menschen mit diesem Profil nicht viel Spontaneität zu erwarten haben, auch nicht die Reaktionsschnelligkeit des Typus mit dynamischem Profil oder mit harmonischem Keil, sondern eher eine exakte Anwendung von Gelerntem.

Rundes Profil

Im fünften Fall der Entwicklungsmöglichkeiten behält das kindliche Profil die Rundaugen bei, allerdings geschieht auch hier mit zunehmender Reife eine gewisse Reduktion: z. B. ein

Unterdrückte Energie und kindliche Unbekümmertheit

leichtes Absinken der Augenlider, eine Verschmälerung der Lippen, ein Anschmiegen der Nasenflügel.

Bei Gina Lollobrigida wurden z. B. die kindlichen Rundungen des gesamten Gesichts bewahrt, auch keine nennenswerten Reduktionen sind zu bemerken. Sie blieb ja auch der bezaubernd junge, unbedarfte Typ und wurde nie eine große Schauspielerin.

Profilveränderungen auf einen Blick	
Dynamisches Profil	Angriffslust, Vorwärts-drang, Umtriebigkeit
Harmonischer Keil	Angriffslust, gemildert durch Sensibilität und Vorsicht
Keilprofil mit fliehendem Kinn	Ansprüche größer als Kraft zur Verwirklichung
Gestauchtes Profil	Verhaltene Energie, Selbstbeherrschung, folgsame Umsetzung des Gelernten
Rundes Profil	Beibehaltung der Jugend-lichkeit, geringe Reifung (außer bei nennenswerten Reduk-tionen)

Im alten Rom entstanden Abbildungen von Profilen, in dem die Silhouette des Gesichts an der Wand nachgezeichnet wurde. Im 15. Jahrhundert, als man sich in der Kunst stark auf antike Vorbilder besann, wurden sehr viele Portraits im Profil gemalt.

Vollkommen spiegelbildlich gleiche Gesichtshälften würden ein Gesicht langweilig aussehen lassen.

Es gibt Theorien, wonach Asymmetrien im Gesicht mit den unterschiedlichen Funktionen unserer beiden Gehirnhälften in Zusammenhang stehen. Beweise dafür fehlen allerdings noch.

Die Asymmetrien

Symmetrie hat Seltenheitswert

Beim genauen Betrachten von Gesichtern bemerken wir immer wieder, daß diese nur vermeintlich zwei gleiche Seiten haben. Symmetrie ist höchstens annäherungsweise in einem Gesicht zu finden, wirklich gleich sind seine beiden Hälften nie. So sind Asymmetrien, wie die beschriebenen Grundemotionen auch (siehe Seite 43ff.) eine Erscheinungsform, die sich über alle Länder- und Kulturgrenzen hinwegsetzt.

Wie unterschiedlich die beiden Gesichtshälften sind, können Sie bei sich selbst testen. Sehen Sie sich Ihr Gesicht im Spiegel an. Sitzen z. B. Ihre Ohren auf gleicher Höhe? Haben Sie vielleicht eine breitere und eine schmalere Wange? Noch augenfälliger werden die Asymmetrien, wenn Sie mit stark zurückgelegtem Kopf in einen Spiegel schauen. Legt man auf einem Foto mit von vorn aufgenommenem Gesicht einen randlosen Spiegel genau in der Mitte des Gesichts rechtwinklig an, so wird diese eine Gesichtshälfte zu einem kompletten Gesicht verdoppelt. Wird mit derselben Technik auch die andere, zuvor abgedeckte Gesichtshälfte verdoppelt, ergibt sich wahrscheinlich ein überraschend anderes Gesicht – z. B. schmäler, dicker oder mit völlig anderem Ausdruck. Die Asymmetrie entwickelt sich im Laufe unseres Lebens mehr und mehr aus; sie ist Merkmal unserer Persönlichkeit.

Krankheitsbedingte Asymmetrien

Bevor ein Gesicht aufgrund seiner Asymmetrien beurteilt wird, sollte man sicher sein, daß Asymmetrien nicht durch Krankheiten, Unfallfolgen usw. entstanden sind. Zu denken ist u. a. an: Brüche, Lähmungen, Erkrankungen der Ohrspeicheldrüse, Erkrankungen eines Auges, Schielen usw. Manche Menschen mit schlechten Zähnen kauen z. B. seit Jahren nur noch auf einer Seite, was Kiefer und Kinn prägen kann.

Mimische Asymmetrien

Sie sind vorübergehend und dauern oft nur den Bruchteil einer Sekunde. Es wurde bereits behandelt, wie diese Art von Asymmetrien uns verraten können – nämlich indem durch Streß verursachte mimische Ungereimtheiten auf mögliche Verstellungen, Unsicherheiten oder vielleicht sogar Lügen verweisen. Wenn wir ein bestimmtes Gesicht »aufsetzen«, z. B. ein trauriges oder ein belustigtes, weist es deutliche Asymmetrien auf. Der spontane Ausdruck ist viel stimmiger. Die Echtheit eines Ausdrucks läßt sich also auch am augenblicklichen Grad der Symmetrie bzw. Asymmetrie messen.

Strukturelle Asymmetrien

Ebenso wie sich durch jahrelanges Faltenziehen bleibende Falten bilden können, werden manchmal auch mimische Asymmetrien dauerhaft und somit strukturell.

Ursachen in der Vergangenheit

Jemand hat einen symmetrischen Mund. Sobald er aber zu sprechen beginnt, verzieht er einen Mundwinkel zur Seite. Er spricht mit einem leicht schiefen Mund. Vielleicht entstand diese Asymmetrie aufgrund einer Scheinwelt oder Lebenslüge, die dieser Mensch jahrelang aufrechterhalten hat. Und vielleicht sollte man ihm deshalb auch nicht alles glauben.

Asymmetrien sind Ausdruck innerer Spannungen. Diese können die Betroffenen fördern oder bremsen.

Die Asymmetrien

Ein anderer mit symmetrischem Mund zieht beim Sprechen die Mundwinkel depressiv nach unten. Vielleicht ist diese Asymmetrie auf eine längere Depression in der Vergangenheit zurückzuführen, vielleicht ist sie aber auch nur ein mimischer Versuch, kritisch oder zynisch zu erscheinen.

Schlägt sich z. B. bei einem professionellen Einkäufer das jahrelange konzentrierte und skeptische Prüfen der Ware in einer Erhöhung von Auge und Braue auf einer Gesichtsseite nieder, erkennt und akzeptiert man ihn sicher als kritischen Geist.

Gewöhnt sich ein Mensch, der große Schwierigkeiten hat, sich im Gespräch mit anderen einzubringen, diese Miene an, um geistig reger, aufmerksamer und interessanter zu wirken, kann ihm dies in anderen Situationen auch leicht als Arroganz ausgelegt werden.

Geistige Anspannung (z. B. die Stirn mitformende, ständig vorherrschende Gedanken) hinterläßt im Gesicht in erster Linie Asymmetrien oberhalb der Augen. Emotionale Dauerbelastungen zeigen sich in Verformungen zwischen Augenlidern und Unterlippe, Probleme mit großen Wünschen und starken Trieben im Kinnbereich.

Unausgeglichene Muskelanspannung

Starke Asymmetrien entstehen, organisch gesehen, durch einseitige Anspannungen: Im wahrsten Sinne des Wortes verzieht es einem dabei das Gesicht. Ein gutes Beispiel hierfür ist Lady Diana, deren Asymmetrien sehr deutlich ausgeprägt sind.

Sie wendet (wahrscheinlich aus Schüchternheit, die sie sich ja selbst eingesteht) ihr Gesicht nicht voll der Person oder dem Objekt ihrer Aufmerksamkeit zu und schaut dabei auch eher aus den Augenwinkeln (siehe Seite 88).

Wenn eine einseitige Muskelanspannung zur Regel wird, entstehen im Gesicht verschieden starke Muskelstränge und somit Asymmetrien.

Auch die meisten Höcker im Gesicht sind nicht durch ungewöhnliches Knochenwachstum, sondern durch Muskelverdickungen verursacht. Asymmetrien können sich auch durch einen unterschiedlichen Muskeltonus ergeben: Z. B. kann der

Innere Spannungen bedingen Asymmetrien

Muskeltonus im Stirn-, Schläfen- und Wangenbereich straff, im Mund- und Kinnbereich aber schlaff sein.

Allgemeine Kriterien für Asymmetrien

Sie sind das Resultat von durch innere Spannungen bedingte Muskelanspannungen, die zur Regel geworden sind. Welcher Art diese inneren Spannungen sind, kann nicht genau festgestellt, sondern durch die Lokalisation der Asymmetrien nur vermutet werden. Da feuert sich jemand immer wieder zu mehr Aktivität und notfalls auch Rücksichtslosigkeit gegen seine Konkurrenten an und sagt, indem er die Worte aber nicht ausspricht, sondern nur die Lippen bewegt, zu sich: »Du mußt sie fertigmachen, wenn du was werden willst.« Und weil ihm dies auch niemand von den Lippen ablesen darf, verzieht er nur noch den Mund, was eines Tages selbst dann geschieht, wenn er an diese Aufforderung nur denkt. Mund- und Kinnmuskulatur gewöhnen sich langsam daran, und der Vitalbereich seines Gesichts wird schief.

Gefühlsmäßig neigen wir einer Gesichtshälfte mehr zu als der anderen, sie ist uns vertrauter. Wahrscheinlich hat jeder von uns seine »Schokoladenseite«. Am liebsten würden wir uns z. B. auch nur von dieser Seite fotografieren lassen.

Ungleiche Gesichtspartien, auch durch Falten hervorgerufen, spiegeln die Erfahrungen und Persönlichkeit eines Menschen wider.

Das psychologische Portrait

Menschen, die viel mit Gesichtern anderer Personen zu tun haben, bekommen einen scharfen Blick für Merkmale einer Person.

Nehmen Sie Ihren Wunsch, in Gesichtern lesen zu lernen, zum Anlaß, mal wieder oder endlich einmal in eine Gemäldegalerie zu gehen. Es ist eine lohnende Sache, sich in die Portraits alter Meister zu vertiefen.

So wird ein Portrait erstellt

Bis die Fähigkeit, aus dem Gesicht eines Menschen auf wichtige Persönlichkeitsmerkmale schließen zu können, ausgebildet ist, bedarf es einiger Übung. Denn Sie wollen ja die richtigen Rückschlüsse ziehen – und dies sicher und schnell.

Fotos sind geduldig

Ein wichtiger Lernschritt ist das genaue Betrachten von abgebildeten Gesichtern, etwa auf Fotos. Verwenden Sie nicht unbedingt Portraitaufnahmen, die von Fotostudios gemacht wurden. Nehmen Sie einfach ganz normale Fotografien, wie wir sie alle in Alben oder Schuhkartons aufbewahren. Das Gute daran: Sie können die abgebildeten Gesichter beliebig lange studieren. Nützlich ist es auch, verschiedene Fotos der gleichen Person zu analysieren. So bekommen Sie einen Blick für situationsabhängige Gesichtsausdrücke.

Lebendig statt statisch

Abbildungen von Gesichtern haben einen entscheidenden Nachteil: Die Gesichter sind statisch, folglich kann man auch nur das Statische beurteilen. Und dabei entgeht uns – grob geschätzt – die Hälfte. Wenn man ein Gesicht richtig erlebt, bieten sich die vielfältigsten Facetten von Ruhe und Bewegung.

An das Fotostudium schließt sich also das Beobachten lebendiger Menschen an. Die Übungsphasen könnten so aussehen: Heute konzentriere ich mich beim Fernsehen oder im Bus auf die Augen der Leute, morgen nehme ich mir die Mundpartien vor usw. Sie sollten also lernen, zuerst Details zu erkennen und sie dann zu einem Gesamtbild zusammenzufügen. Wer alles auf einmal sehen will, riskiert, viel zu übersehen.

Interessieren Sie sich nur für eine Detailfrage, dann konzentrieren Sie sich auf diese, z. B.: Flunkert jemand jetzt? Ist die Anteilnahme gespielt oder echt? Ist dieser Jemand überrascht, oder tut er nur so? Hierzu finden Sie in den entsprechenden Kapiteln Ratschläge.

Fragenkatalog zur Gesichtsanalyse

Wollen Sie aber alle Register der Menschenkenntnis ziehen, müssen Sie sich möglichst viele Fragen stellen und beantworten.

1. Betrachte Sie zunächst den vorherrschenden Gesichtsrahmen: Ist er oval, viereckig, birnenförmig oder dreieckig? Ziehen Sie anschließend Ihre Schlußfolgerungen.

2. Konzentrieren Sie sich dann auf die Antennen und ihren Grad der Aufnahmefähigkeit: Wie verhalten sich Augen, Ohren, Nase, Mund?

3. Stellen Sie fest, ob Reduktionen vorhanden sind: sehr faltige Stirn, eingefallene Schläfen, eingesunkene Wangen usw.? Überprüfen Sie den Muskeltonus: In welchen Bereichen des Gesichts ist er straff, wo schlaff?

4. Sehen Sie sich die Kombination von Gesichtsrahmen und Antennen an: Handelt es sich um ein offenes, verschlossenes, erstauntes oder konzentriertes Gesicht?

5. Werten Sie die Ergebnisse dieser Betrachtungen aus, und machen Sie sich ein erstes Bild.

Wenn Sie ein Videogerät haben: Zeichnen Sie eine Talkshow auf. Sie haben dann jederzeit die Möglichkeit, die Aufzeichnung zu stoppen oder sich bestimmte Sequenzen noch einmal anzusehen. Auf diese Weise kann Ihnen kein Gesichtsausdruck verlorengehen.

Das psychologische Portrait

Die Muskeln, mit denen unser Gesicht ausgestattet ist, können durch ihr Zusammenspiel mehrere tausend mimische Varianten erzeugen.

6. Verschaffen Sie sich nun einen Eindruck vom Profil: Sehen Sie ein dynamisches Profil, einen harmonischen Keil, einen harmonischen Keil mit unterentwickeltem Kinn, ein gestauchtes oder ein kindlich-rundes Profil?
7. Aus den jetzt gewonnenen und den vorigen Erkenntnissen entsteht ein präziseres Bild.
8. Suchen Sie nun nach Asymmetrien im Gesicht. Wenn Sie sie gefunden haben, können Sie alle Betrachtungsergebnisse zu einem abschließenden Bild zusammenfügen.

Ein Hauptproblem der Menschenkenntnis

Während der Analyse hat sich das Gesicht der betrachteten Person unzählige Male verändert, Ihnen aber immer wieder einige gleiche Signale gesendet:
Vielleicht sehen Sie jedesmal bei den Themen Familie und Partnerschaft einen leicht depressiven Mund oder irgendein Zeichen von Unsicherheit beim Thema Einkommen. Wahrscheinlich werfen sich deshalb Fragen auf, ob die Testperson

Sich selbst im Spiegel betrachten, Grimassen ausprobieren oder versuchen, sich so distanziert wie möglich zu sehen – das hilft, ein klares Bild des eigenen Gesichts zu bekommen.

84

Möglichkeiten, keine Tatsachen

Ihnen etwas vormacht oder verbirgt, ob somit ein stimmiges Bild von einem Menschen durch das Lesen in seinem Gesicht überhaupt möglich ist. Um Ihre Zweifel zu zerstreuen, können Sie zunächst versuchen, durch weitere und gezielte Fragen zu verschiedenen Themen (achten Sie dabei auf die Blickrichtung der antwortenden Person) Widersprüche zutage zu fördern. Auch ist es ratsam, das Studium des Gesichts durch die Beachtung körpersprachlicher Signale zu ergänzen. Die Grenzen dieser Methode auf dem Weg zu mehr Menschenkenntnis werden dennoch deutlich: Das Lesen in einem Gesicht kann im Grunde nur vermitteln, welche Möglichkeiten in diesem Menschen stecken, nicht aber, was er mit ihnen anfängt. Wir können meist zuwenig über die Motive eines Menschen sagen – sogar dann, wenn wir einiges Vorwissen von seinem Leben haben.

Vorwissen – nützlich, aber auch riskant

Vorwissen von Details aus dem Leben einer Person, die man betrachtet, können durchaus zu einer stimmigen Analyse beitragen. Weiß man z. B. von jemandem, der starke Reduktionen im Gesicht hat, also wohl ein vorsichtiger, bedächtiger, vielleicht sogar grüblerischer Mensch ist, daß er beruflich in einem Vertrieb mit vielen Kunden zu tun hat, so kann man bei ihm auf ungenügende Kontaktfähigkeit schließen, die sich wahrscheinlich noch negativ auf seine Gesundheit auswirken wird.

Vorwissen kann aber auch den genauen analytischen Blick trüben, vor allem, wenn es im Betrachter Vorurteile und Klischees hervorruft.

Typische Klischees sind:
- Er ist Minister, also ist er intelligent
- Er ist Priester, also ist er fromm und selbstlos

Ein Stolperstein, der sich uns in den Weg legen kann, ist die Tatsache, daß wir Menschen, die uns sympathisch sind, nachgiebiger beurteilen als andere. Psychologen sprechen hier vom sogenannten Mildeeffekt.

Das psychologische Portrait

- Er ist Lehrer, also besitzt er Einfühlungsvermögen
- Er ist Psychologe, also kann er mit Menschen umgehen und sie durchschauen
- Sie hat graue Haare, also ist sie erfahren
- Sie hat eine hohe Stirn, also ist sie intelligent
- Sie hat schwarze Haare, also ist sie temperamentvoll

Beispiel für ein psychologisches Portrait

Arzt, Psychologe, Uniprofessor, ungefähr 65 Jahre alt

Gesichtsrahmen: Oval bis viereckig; also den Menschen gegenüber reserviert.

Antennen: Kleine, tiefliegende Augen, kleiner, verkniffener Mund, starke Reduktion der Antennen; also übervorsichtig, Verinnerlichung hat stattgefunden.

Weitere Reduktionen: Starke, tief eingefurchte Stirnfalten vor allem über den Augen, Konzentrationsfalten zwischen den Augenbrauen; also scharfer Beobachter, als Arzt und Psychologe vor allem von Menschen; außerdem tiefe Nasolabialfalten (»Magengesicht«); also Schwierigkeiten mit dem Verdauungstrakt?

Kombination Gesichtsrahmen/Antennen: Konzentriertes Gesicht; Ich-Mensch, der lieber nimmt als gibt; starkes Durchsetzungsvermögen, Ausdauer, schwer abzulenken.

Muskeltonus: Stark im Mundbereich, starker Tonus auch im Stirnbereich; also konzentrierter Beobachter, Sinnierer; ferner Asymmetrien auf der Stirn, sie betonen die Intensität von Beobachtung und Denken. Witz? Für Humor ist der Mann zu bitter.

Gesamteinschätzung: An Menschen stark interessiert – eher rational, analytisch als emotional, einfühlsam; geht aber lieber auf Distanz, kein Freund der Menschen, eher ein bit-

Wollen wir die Sprache eines Gesichts wirklich verstehen, sollten wir bemüht sein, uns Stereotypisierungen bewußt zu machen und diese zu unterlassen. So wird unser Blick frei für das einzelne Gesicht.

Vorgefertigte Ansichten außer acht lassen

terer Richter, setzt sich durch, arbeitet wahrscheinlich sehr systematisch, herrschsüchtig (konzentriertes Gesicht)?

Des Rätsels Lösung

Es handelt sich um Sigmund Freud. Basis dieses psychologischen Portraits war eine Fotografie, entstanden, als Freud 67 Jahre alt war und an schmerzhaftem Gaumenkrebs litt. Freud war menschenscheu; nur im engsten, sorgsam ausgesuchten Freundeskreis konnte er gesprächig werden, manchmal sogar humorvoll und witzig. Aber wehe, wenn einer seiner Anhänger auch nur einen Schritt von der Lehrmeinung des Meisters abwich! Seine schwach entwickelte Emotionsebene verhinderte, daß Freud Menschen intuitiv erfassen konnte. Sein scharfer Intellekt dominierte völlig. Von früheren Aufnahmen weiß man, daß Freuds Gesicht bereits vor dem Krebsleiden starke Reduktionen aufwies. Sein Profil tendiert zum Gestauchtsein: ein weiterer Hinweis auf die Hemmungen und Blockaden dieses Mannes.

Wenn wir Gesichter von Menschen einer näheren Betrachtung unterziehen, vor denen wir viel Respekt haben, vielleicht sogar »in Ehrfurcht erstarren«, kann uns das helfen, diese Menschen in einem realistischeren Licht zu sehen.

Sigmund Freud, der Vater der Psychoanalyse, ist heute oft selbst Objekt zahlreicher Studien.

Lesen in berühmten Gesichtern

Wohl kaum ein anderer Mensch wurde in den letzten Jahren so oft fotografiert wie Diana.

Persönlichkeiten, die sich tagtäglich in der Öffentlichkeit präsentieren müssen, schützen sich, indem sie sich mehr oder weniger verstellen. Ihr wahres Gesicht bekommen wir kaum einmal zu sehen.

Lady Diana

Wollen Sie mit einem schnellen Test einige ihrer Probleme ermitteln? Dann teilen Sie ihr Gesicht mit einem kleinen, randlosen Spiegel, den Sie senkrecht von der Nasenwurzel zur Kinnspitze stellen. Verdoppeln Sie zunächst eine Gesichtshälfte, dann die andere: Sie werden so zwei sehr verschiedene Gesichtsausdrücke sehen, ausgeprägter als üblich. Wir können daraus schließen, daß sie aus zwei verschiedenen Persönlichkeiten besteht. Dies kann die Kreativität eines Menschen erhöhen, kann ihm aber auch Schwierigkeiten bereiten. Da aber selbst treue Fans von Dianas Kreativität nichts wissen, müssen wir auf Schwierigkeiten tippen. Dies um so mehr, als ihre Nase krumm ist. Achten Sie bei ihren Fernsehauftritten darauf, wie oft sie aus den Augenwinkeln nach links und rechts schaut: ein angstvoll-lauernder Blick. (Furcht vor Terroristen? Wohl eher Angst, entdeckt zu werden. Übrigens hatte sie diesen Blick schon vor dem Bekanntwerden ihrer Affären.)

Augen ohne Lächeln

Wie fast alle Titelseitenschönheiten lächelt Diana nur mit dem Mund. Würde sie ehrlich lächeln, entstünden Falten um ihre Augen, die diese auch verkleinern würden. Ihre schönen, »beseelten« und verschreckten Augen sind ihr größtes Kapital, mit dem sie uns um Verständnis und Liebe bittet.

Ausgeprägte Asymmetrie

Steffi Graf

Ihre kleinen, tiefliegenden Augen, die verdeckten Nasenlöcher und die für eine junge Frau etwas dünnen Lippen verraten Introversion. Der häufige Umgang mit Journalisten hat sie medienbewußt und mediengewandt gemacht, aber das Bad in der Menge liegt solchen Menschen wenig. Obwohl sie laufend große Auftritte hat, ist sie keine Schauspielerin geworden.

Die Gegnerin im Visier

Sie hat nicht die großen Pupillen, mit der man die Welt einfängt, sondern den scharfen Blick für die kleine Welt: wichtig für jemanden, der sich blitzschnell an seinem Gegenüber orientieren muß.

Sie schiebt gern, manchmal auch ironisch, die Unterlippe vor, als wollte sie allzu neugierige Frager von sich wegschieben. Das keilförmige Profil ist das Resultat einer starken

Die Beherrschtheit, die sich in ihrem Gesichts ausdrückt, findet sich auch in ihrer Körpersprache. Beobachten Sie Steffi Graf einmal im Moment des Siegs.

Die glückliche, aber immer noch reservierte Siegerin Steffi Graf (links) und die extrovertiertere, stark emotionale Verliererin Monica Seles (rechts).

Lesen in berühmten Gesichtern

Dynamisierung der Emotionalschicht, was ihr bei aller Sensibilität (siehe weiche Unterlippe, fast noch kindliche Kinnpartie) die kämpferische Härte eines Mannes ermöglicht. Formuliert sie bei einem Interview eine Antwort, wandern ihre Blicke beim Sprechen: Steffi Graf sagt nichts Vorfabriziertes, sondern formuliert situationsgerecht »sprechdenkend«. Daher wirken ihre Aussagen so ehrlich, offen und auf den Punkt gebracht.

Helmut Kohl

Er hat drei Gesichter: das lachend-entspannte, das ernstgereizte und das muffig-abweisende. Unterschiedliche Stimmungen verändern jedes Gesicht – Kohl aber herrscht mit seinem jeweiligen Gesichtsausdruck: als leutseliger, praktisch denkender, humorvoller und bodenständiger Mann, mit dem man am Bier- oder Weintisch sitzt; als ein Politiker, den die Bosheit und der Unverstand seiner Gegner reizen; und schließlich als langweiliger Sprechautomat, der rednerische Pflichtübungen absolviert.

Vitaler Praktiker

Nur beim entspannten Kohl sieht man gelegentlich, daß er Zähne besitzt. Muß er Neues formulieren – und aus dem Stegreif formulieren ist nicht gerade seine Stärke –, verspannen sich Mund und Stirn. Dann bewegt er Lippen und Unterkiefer kaum, was auch ein Grund für seine mangelhafte Mimik ist. An dem birnenförmigen Gesichtsrahmen ist die beherrschende Vitalschicht abzulesen: Gespür für die Notwendigkeiten des Augenblicks und praktische Lösungen. Hintergründiges und Differenziertes liegen bei ihm sehr im Verborgenen.

Kohl ist ein Mann des Volks, er kämpft mit den Fäusten, nicht mit dem Degen. Sein Gesichtsausdruck vermag – je nach Stimmung – zu charmieren oder zu motivieren, zu irritieren oder zu frustrieren.

90

Bodenständig und natürlich

Sophia Loren

»Augen beherrschen ein schönes Gesicht«, schrieb sie einmal und wendet diese Weisheit täglich an – vor dem Spiegel. Mit kosmetischem Raffinement macht sie ihre Augen zum Mittelpunkt ihres Gesichts. Obwohl sie nur mittelgroß sind, ziehen sie sofort unseren Blick auf sich. Als Süditalienerin hat sie die Macht der Blicke mit der Muttermilch eingesogen. Obendrein ist sie gelernte Schauspielerin.

Geschickte Blenderin

Auch ihren großen, etwas dünnlippigen Mund gestaltet sie mit kräftigen Farben. Da sie ihre weißen, regelmäßigen Zähne vorzeigen kann, macht sie aus der Not eine Tugend: Sie läßt ihren Mund breit und demonstriert damit ihre (gespielte) Natürlichkeit. Bei so viel Natürlichkeit übersieht man dann auch die sehr große Nase mit den enganliegenden Flügeln.

Relativ kleine Augen, enganliegende Nasenflügel und Nasolabialfalten deuten darauf hin, daß Sophia Loren nicht jene extrovertierte, überschäumende Neapolitanerin ist, als die sie sich so klischeetreu gibt.

Zwei Frauen, die gegensätzlicher nicht sein könnten: die temperamentvolle, dunkelhaarige Sophia Loren (links) und die kühle, distanziert wirkende Grace Kelly (rechts).

Hintergründiges und Praktisches

Das Gesicht – einmalig

Unser Gesicht ist unverwechselbar, keines gibt es ein zweites Mal. Normalerweise nehmen wir die Gesichter unserer Mitmenschen intuitiv wahr, deuten ihren Ausdruck also eher unbewußt. Wir sind empfänglich für den Gesamteindruck eines Gesichts, nicht so sehr für einzelne Merkmale.

Das Gesicht spielt eine große Rolle. Deshalb ist es nicht verwunderlich, daß die Bemühungen, ein System zur Deutung von Gesichtern zu entwickeln, in die Antike zurückreichen.

Physiognomik

Die Lehre, die Eigenschaften eines Menschen anhand seiner Gesichtszüge zu bestimmen, nennt sich Physiognomik.

Unter den alten Griechen hatte sie viele bedeutende Anhänger. Neben Cicero und Hippokrates war es vor allem Aristoteles, der sich intensiv mit dem Thema befaßte. Er stellte systematische Vergleiche zwischen Tier- und Menschenköpfen an. Fand er Ähnlichkeiten in der Physiognomie, schloß er daraus auch auf charakterliche Übereinstimmungen. So stand z. B. das löwengleiche Aussehen eines Mannes für Kraft und Mut. Glichen seine Gesichtszüge einem für dümmlich gehaltenen Tier, war es der Mann dann ebenfalls. Ähnlich zweifelhaft muten die Bemühungen von Astrologen im Mittelalter an, Gesichter zu Sternbildern in Beziehung zu setzen. Und

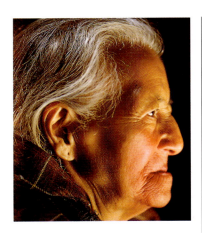

Ein jedes Gesicht ist einmalig – und in dieser Einzigartigkeit hat es auch eine Schönheit, die jedoch nichts mit Normen und Moden zu tun hat.

In der Renaissance gab es eine Denkrichtung, die davon ausging, daß sowohl der Charakter als auch die Gesichtszüge eines Menschen eine Temperamentsfrage seien. Gesichter wurden dementsprechend den vier Temperamenten (Sanguiniker, Phlegmatiker, Choleriker, Melancholiker) zugeordnet.

Ende des 16. Jahrhunderts war es beliebt, aufgrund der Augenfarbe Charakterdeutungen vorzunehmen. Graue Augen bedeuteten Schläue, grüne wiesen auf einen eifersüchtigen Charakter hin. Etwas davon hat sich bis in unsere Zeit hinüberretten können: Noch immer gelten blaue Augen als Indiz für besondere Treue. Im 18. Jahrhundert verhalf der Schweizer Arzt und Theologe J. K. Lavater der Physiognomik zu neuer Popularität. Seine Schriften fanden weite Verbreitung und wurden in mehrere Sprachen übersetzt.

Phrenologie

Absolut unhaltbar war das System zur Persönlichkeitsdeutung, welches sich auf die Form von Gesicht und Schädel bezog. Die Phrenologie (zu deutsch: Schädelkunde) wurde Anfang des 19. Jahrhunderts von dem österreichischen Arzt F. J. Gall entwickelt. Er war der Ansicht, das Gehirn forme Gesicht und Schädel, folglich müsse, um den Charakter eines Menschen zu bestimmen, nur dessen Kopf untersucht werden. Wie absurd diese Theorie ist, zeigt allein schon die Tatsache, daß der weibliche Kopf bis zu 25 Prozent kleiner sein kann als der männliche, weil auch das weibliche Gehirn kleiner ist. Die Intelligenz der Frauen ist nun aber keineswegs geringer als die der Männer.

Die furchtbaren Auswüchse dieser Irrlehre sind uns aus der Praxis der Nationalsozialisten im Dritten Reich in Erinnerung, wo Menschen aufgrund ihrer Schädelform und -größe als arisch bzw. nichtarisch eingestuft wurden.

Morphopsychologie

Das, was Ihnen in diesem Ratgeber nahegebracht wurde und was Sie zum Lernen motivieren soll, versteht sich als eigene Richtung jenseits von Physiognomik und Phrenologie.

Aus China stammt die alte Tradition der visuellen Diagnose. Das Gesichterdeuten ist Teil der fernöstlichen Medizin und geht davon aus, daß sich körperliche Störungen und Disharmonien im Gesicht feststellen lassen.

Besonders in den Vereinigten Staaten hatte die Phrenologie viele Anhänger. Es gab Phrenologen, die über Land fuhren und gegen Bezahlung die Köpfe von Menschen befühlten und vermaßen, um anschließend Auskunft über deren hervorstechendste Wesensmerkmale zu geben.

Hintergründiges und Praktisches

Die Technik, in Gesichtern zu lesen, sollten Sie sich langsam und in kleinen Schritten aneignen. Das garantiert Erfolgserlebnisse. Es ist nicht anders, als wenn Sie eine Fremdsprache, die Bedienung eines Computers oder das Skifahren erlernen. Morphopsychologie können Sie im Umgang mit vielen Menschen anwenden, die Sie interessieren und mit denen Sie längerfristig zu tun haben.

Die hier beschriebene Technik wurzelt in Frankreich, wo sich seit Beginn des 20. Jahrhunderts vor allem Ärzte mit der Veränderung des Kopfs und des Gesichtsausdrucks im Verlauf des menschlichen Lebens beschäftigt haben. Der französische Psychiater Louis Corman prägte für das Studium dieser Veränderungen den Begriff Morphopsychologie (morpho = griech. für Form) Man verfolgt hierbei die vielfältigen Wandlungen und Eigenschaften, Denk- und Verhaltensweisen eines Menschen während seiner Entwicklung vom Kleinkind zum Greis. All diese Veränderungen finden im Gesicht ihren Ausdruck. In diesem Sinne ist das Gesicht unser Studienobjekt.

Kleines Trainingsprogramm

● Beginnen Sie mit dem Studium der Blickrichtungen (z. B. während der Unterhaltung mit Kollegen).

● Lernen Sie durch gezielte Fragen die Ja- und Neingesichter Ihrer Mitmenschen kennen.

● Achten Sie auf echte und unechte Gefühle, kontrollieren Sie z. B. bei einem Film oder bei einem Theaterstück, ob Gestik und Mimik der Schauspieler zusammenpassen.

● Konzentrieren Sie sich jeweils eine Woche nur auf Münder, Kinne und Hälse und deren vielfältige Ausdrucksmöglichkeiten.

● Beschäftigen Sie sich mit Gesichtern unterschiedlichen Alters. Wann z. B. wirkt ein Gesicht ausgeformt?

● Schulen Sie Ihren Blick für die unterschiedlichen Gesichtsrahmen und für Asymmetrien im Gesicht.

● Können Sie die fünf Profile sicher unterscheiden?

Wenn Sie sich für jeden Lernschritt genügend Zeit lassen und erst zum nächsten übergehen, wenn Sie sich sicher fühlen, können Sie sich an die Erstellung psychologischer Portraits begeben. Und das kann sehr spannend sein!

Über den Autor

Der gebürtige Regensburger *Bernd Heuer* studierte Psychologie, Pädagogik und Wirtschaftswissenschaften. Er war Exportleiter eines internationalen Pharmakonzerns und hält jetzt Seminare für Führungskräfte der Wirtschaft. Als Autor wurde er durch Veröffentlichungen über angewandte Psychologie bekannt.

Literatur

Bierach, Dr. Alfred: Körpersprache erfolgreich anwenden und verstehen. Der Schlüßel zum besseren Verständnis. Südwest Verlag. München 1995
Bierach, Dr. Alfred: Hinter der Maske der Mensch. Ariston Verlag. Genf/München 1988
Landau, Terry: Von Angesicht zu Angesicht. Was Gesichter verraten und was sie verbergen. Rowohlt TB Verlag. Reinbek bei Hamburg 1995
Molcho, Sammy: Körpersprache. Mosaik Verlag. München 1994

Hinweis

Das vorliegende Buch ist sorgfältig erarbeitet worden. Dennoch erfolgen alle Angaben ohne Gewähr. Weder Autor noch Verlag können für eventuelle Nachteile oder Schäden, die aus den im Buch gemachten praktischen Hinweisen resultieren, eine Haftung übernehmen.

Bildnachweis

AKG, Berlin: 1, 20, 45, 74, 78, 87, 91 l. u. r.; Bilderberg, Hamburg: 23, 28 (Andrej Reiser), 92 (Thomas Ernsting), 40, 84 (Wolfgang Kunz), 48 (Nomi Baumgartl); Das Fotoarchiv, Essen: 12 (Wolfgang Schmidt), 24 (Richard W. Wilkie), 50 (Bart Bartholomew), 56 l. (Peter Turnley), 66 (Sonia Moskowitz), 82 (Knut Müller); Interfoto, München: 5 (Archiv), 6 (A. Fedorenko), 18 (Hu Bild Design), 21 (TG), 52 (Ulrike Kment), 56 r. (TG); The Image Bank, München: Titelbild (Eliane Sulle), 32, 68 (Paul Simcock), 81 (N.N.), U4 (David De Lossy); Transglobe Agency, Hamburg: 26 (Charles van Gelder), 35 (N.N.), 42 (Wolfgang Marquardt), 62 (Aloha/Ott), 88 (Popperfoto), 89 l. u. r. (Clive Brunskill)

Impressum

© 1996 Südwest Verlag GmbH & Co. KG, München
Alle Rechte vorbehalten. Nachdruck – auch auszugsweise – nur mit Genehmigung des Verlages.

Redaktion:
Christoph Taschner,
Christine Waßmann
Projektleitung:
Stephanie Wenzel
Redaktionsleitung:
Josef K. Pöllath
Bildredaktion: Sabine Kestler
Produktion: Manfred Metzger
Umschlag und Layout:
Till Eiden
Satz/DTP: Klaus Lutsch
Druck:
Color-Offset, München
Bindung:
R. Oldenbourg, München

Printed in Germany

Gedruckt auf chlor- und säurearmem Papier

ISBN 3-517-01705-1

Register

Aggressionen 28
Analysemechanismus 6
Angst (Ausdruck der) 43f.
Angst vor Täuschung 4
Antipathie 14
Ärger (Ausdruck von) 44
Asymmetrien 78ff.
Atem 14
Aufgeregtheit, positive 21
Augenbrauen 25
Augenlider, blinzelnde 19
Aussprache 30f.
Blick, geschulter 6
Blickkontakt 13f., 17
Blickrichtung 6ff.
  – Deutung 8
Blinzeln 19
Blockaden, innere 28
Bush, George 56
Ekel (Ausdruck von) 45
Expandierer 54ff.
Extrovertierter 55
Facies hippocratica 25
Flirten 22
Freud, Sigmund 87
Freude (Ausdruck der) 44
Gefühle 12f.
Gehirn 5f.
Geschmäcklernase 25
Gesicht 40ff.
  – als Spiegel der Gefühle 51
  – als Spiegel der Persön-
    lichkeit 49f.
  – des Alters 52f.
  – des Kleinkindes 52
Gesichtsanalyse 83
Gesichtsfalten 23ff.

Gesichtsrahmen 62ff., 70ff.
  – birnenförmiger 64ff.
  – Charakteristika 73
  – dreieckiger 66f.
  – ovaler 63, 67
  – viereckiger 64, 67
Gestik 46
Glaubwürdigkeit 9
Gorbatschow, Michael 56
Graf, Steffi 75, 89
Graphismus 41
Grinsen 17
Hals 38f.
Halswirbelsäule 39
Hände und Gesicht 40f.
Image 30f.
Interesse 14
Introvertierter 55
Jagesicht 9f.
Kieferdefekte 36
Kinn 36
  – beim deutlichen Sprechen 37
  – Ausdrucksstärke 36
  – vorgeschobenes 37
Knickhals 39
Kohl, Helmut 90
Kopfnicken 38
Körperhaltung 47, 51
Körpersprache 10, 13
Krähenfüße 25
Lächeln 15f.
Lachlaute 16
Lady Diana 80, 88
Lampenfieber 41
Lidschläge, zusätzliche 19
Liebesblicke 20f.
Lippen 27, 39
  – befeuchten 29
  – dünne 28
Loren, Sophia 91

Lügen 4f., 13
Menschenkenntnis, mangelnde 4
Mimik 5, 10, 13, 43, 46, 54f., 57
Morphopsychologie 93f.
Mund 26f., 29
  – der Erfolgreichen 32
Muskeltonus 59, 65
Neingesicht 9f.
Persönlichkeit 54
Persönlichkeiten,
  widerstreitende 33
Phrenologie 93
Physiognomik 92f.
Portrait, psychologisches 82, 86f.
Profil 74ff.
Profilveränderungen 77
Querfalten 25
Reduzierer 55ff.
Rollenwechsel im Gespräch 47f.
Schminken 42f.
Schmunzeln 17, 27
Sinnesorgane als Antennen 68ff.
Stirnfalten 24
Streß 41
Sympathie 14
Trancezustände 18
Trauer (Ausdruck der) 45
Überraschung (Ausdruck der) 44
Unachtsamkeit 4
Unterlippe
  – bei sexueller Erregung 34
  – Einsaugen der 35
  – protestierende 34f.
  – verräterische 33
  – Vorschieben der 34
  – Wölben der 35
Verstehen, nonverbales 15
Videostudien 10
Wahrsagerinnen 11
Zunge 26